TROTZ ALLEDEM

GEDICHTE

EIN FLORILEGIUM

Richard A. Huthmacher

TROTZ ALLEDEM

GEDICHTE

EIN FLORILEGIUM

GEDICHTE FOKUSSIEREN: AUF DAS
WESENTLICHE, DAS UNGESAGTE,
DAS UNSAGBARE

Bibliografische Informationen der Deutschen Nationalbibliothek:
Die Deutsche Nationalbibliothek verzeichnet diese Publikation in der Deutschen Nationalbibliografie; detaillierte bibliografische Daten sind im Internet über http://dnb.dnb.de abrufbar.

© 2016 Richard A. Huthmacher
Umschlaggestaltung, Herstellung und Verlag:
BoD – Books on Demand

ISBN: 978-3-7431-0587-4

Gedichte ver-dichten: Gedanken und Gefühle, Hoffnungen und Wünsche, Sehnsüchte und die so genannte Realität, die vermeintliche Wahrheit, die jeder — höchst subjektiv — als seine Wirklichkeit empfindet.

Und Gedichte bewegen: das, was in uns ruht und nach Ent-Äusserung drängt — aus dem Dunkel des Unter- und Unbewussten

So also sollten Gedichte berühren und bewegen, sollten mit der Kettensäge die Verzweiflung des Geistes, mit dem Strich des Pinsels die Narben der Seele zum Ausdruck bringen

INHALTSVERZEICHNIS

I. STERBEN UND TOD

ENDLICH IST'S VOLLBRACHT	39
AM GRAB	44
SEHNSUCHT NACH HEIMAT	48
ICH HAB EDEN BRENNEN SEHN	51
VERMÄCHTNIS	54
IN DER NACHT MIR LEUCHTEND LICHT	58
HOFFNUNG TROTZ TRAUER	66
TROTZ ALLEDEM	70

WEITERLEBEN IM GEDENKEN	72
STOFF FÜR ACH SO VIEL GESCHICHTEN	76
VIELLEICHT LEB ICH IN DIESEN FORT	78
HOFFNUNG AUF ERFÜLLUNG	80
SINN DES LEBENS	90
WO ALSO IST DER GEIST GEBLIEBEN	91
STOSS-SEUFZER	94
MAN STIRBT WIE MAN GELEBT HAT	95
ARS MORIENDI	97
MENSCH - WERDUNG	98
GEBURT UND TOD	101
TOD UND GEBURT	102

KRANKHEIT ZUM TODE
ODER
STERBEN AM LEBEN   103

SCHICKSAL EINES
CHRISTENMENSCHEN   104

ACH SO VIEL
VERSÄUMT   106

VOR DER ZEIT   110

MORD OHNE SCHAFOTT   111

II. ABSCHIED UND TRAUER
VERZWEIFLUNG UND SCHMERZ

SUSETTE ET MARIE	113
ABSCHIED DER VORHANG ZU UND ALLE FRAGEN OFFEN	118
DIES IRAE DIES ILLA	121
SO FERN UND DOCH SO NAH	126
ADE ADIEU AD DEUM	127
GEDÄCHTNIS	131
TRÄNEN	134
EIN HERZ AUS STEIN	138

SKYLLA UND
CHARYBDIS   140

GERECHTIGKEIT
IM TOD   142

SCHMERZ
UND VERWIRRUNG   144

ὀξύμωρος
CONTRADICTIO
NON IN ADIECTO
SED IN CONCRETO   149

WOZU
WARUM   152

DAS ALLES KANN
NICHT ZEIGEN MEIN
UNENDLICH GROSSES
LEIDEN   155

HOFFNUNG
TROTZ
HOFFNUNGS-
LOSIGKEIT   158

ICH WILL NICHT
EUER HOFNARR
SEIN   166

KLAGEND FRAGE
LIEBER GOTT
WO WARST DU   171

WEIL IM SCHMERZ DER
ANDREN DAS EIGNE
LEID MAN FAND   177

NUR WAS UNTER
SCHMERZ GEBOREN   182

DER ROSE
DORNEN   184

III. HOFFNUNG

PRINZIP HOFFNUNG	188
HOFFNUNG – URSPRUNG JENER KRAFT DIE IMMER WIEDER EINEN NEUEN ANFANG SCHAFFT	191
HOFFNUNG – FUNKELND WIE DIE STERNE	193
HOFFNUNG – NUR EIN TRAUM	195
WIE DES MEERES RAUSCHEN	198
DIE HOFFNUNG STIRBT ZULETZT	200
„DAS ÜBELSTE DER ÜBEL"	203
DIE ANTWORT BLEIB ICH SCHULDIG	205
EIN SCHMALER STEG	206

LICHT IM DUNKELN	207
DIE SCHLIMMSTE ALLER HÖLLEN	208
DER HOFFNUNG STERNE	210
SCHWESTERN IN GEIST UND TAT	211
VERMEINTLICHES PARADOXON	212
BROT UND HOFFNUNG	213
FALSCHE PROPHETEN	214
KEINE BILLIGE HOFFNUNG	215
„DUM SPIRO SPERO" VERANTWORTUNG FÜR DIE HOFFNUNG	217

IV. LIEBE SEHNSUCHT LEIDENSCHAFT

LIEBE	219
HOFFNUNG	222
GESCHENK	224
ZAUBERWALD	225
VERZWEIFLUNG	226
FREIHEIT	228
DER LIEBE ERGEBEN	231
NICHTS IST OHNE DIE LIEBE	232
SEHNSUCHT OHNE HEIMAT OHNE ZEIT	234
UNERFÜLLTE SEHNSUCHT	235
DIE SEHNSUCHT BRENNT	238

ZAUBERWELT DER LEIDENSCHAFT	240
LIEB UND LEIDENSCHAFT	243
LEIDENSCHAFT GNOME UND GIGANTEN SCHAFFT	244

V. MANN UND FRAU

Frau oder Hund
Nicht ganz ernst
gemeinter Vor-
schlag   246

Das Lob der
Frauen   258

Immer nur
das Gleiche
mit Mann
und Frau   263

„Was so ein Mann nicht
alles, alles denken
kann!"
oder
Weil der Mensch
nicht männlich
oder weiblich ist   268

VI. GEBURT
KINDHEIT
ALTER

EIN NEUES LEBEN	274
GEBURTSTAGS- WÜNSCHE AN EINEN NEUEN ERDENBÜRGER	280
GEBOREN WERDEN — GNADE ODER STRAFE	282
GEBURT — NUR EINE MÖGLICHKEIT NICHT WENIGER NICHT MEHR	285
EWIGER KREISLAUF	289
IM STROM DER ZEIT	291
PHANTASIE EINES ERWACHSENEN	293

WEH DEM DER
NICHT IN KINDER-
ZEIT GEBORGEN 297

DAS SCHÖNSTE GESCHENK
FÜR JEDEN MENSCHEN
IST EINE UNBESCHWERTE
KINDHEIT 305

ALTER 310

„EIN ALTER MANN
IST STETS EIN
KÖNIG LEAR!" 316

DIE SAND-
UHR RINNT 319

ALTE
WEISE
NARREN 326

VII. MENSCH UND LEBEN

Angst	329
Es sind doch nur Chimären	332
Vorwärts es sei gewagt	338
Ein Mensch der lebt und strebt	340
Ecce Homo	342
Kind der Sterne	350
Gefangen im Leben	353
Perspektiven	359
„Aufruf an alle Deutschen!" Heute oder „Armut studiert, Reichtum jubiliert."	361

NICHT GELEBT	365
DER MENSCH NUR EIN VIELLEICHT	368
MENSCH WERDEN	373
FAST SCHON DAS PARADIES	378
PROLES SUM	381
HIGH SOCIETY	384
WOZU WISSENSCHAFT DIENT	391
WARUM ICH SCHREIBE	399
ALS GOTT DER HERR HERNIEDER KAM ODER WIE DER MENSCH STERBLICH WURDE	401
KOKARDE BLAU-WEISS-ROT ODER WIR WOLLEN DOCH DASSELBE	406

23

ARMENBEGRÄBNIS
ODER
WIEVIEL WERT
IST DER MENSCH   413

VIII. MITGEFÜHL EMPATHIE BARMHERZIGKEIT

Ein bisschen weniger
Ein bisschen mehr   419

Seins-Verständnis
Nicht nur Wort-
Spielerei   428

Kein Weg
So weit   430

Soziales Per-
petuum Mobile   432

Herzens-
Wunsch   435

Altera pars
— πᾶν θεός   440

Stoss-
Seufzer   443

Ecce homo
Homine
Begegnung im
Asylanten-
Heim   447

Miezel und Molly —
Ein wenig an Barm-
Herzigkeit   449

IX. WAHRHEIT UND LÜGE

AUS DER WAHRHEIT IST EINE HURE GEWORDEN	456
MODERNE HOFNARREN	461
LÜGEN HABEN KURZE BEINE	465
ALLES HAT SEINEN PREIS DU KANNST WÄHLEN ZWISCHEN SKYLLA UND CHARYBDIS	469
KLEINE VARIATION EINES SPRICHWORTS	471
WER LÜGT DER STIEHLT	472
Παράδοξον	474
LÜGE UND WAHRHEIT	476

Lügen und
Gerüchte   479

Das Gesicht
eines Menschen   483

X. DUMMHEIT UND KLUGHEIT GEIST UND ERKENNTNIS

DUMMHEIT UND KLUGHEIT ALS FREUNDE VEREINT	498
SCHLAFLIED	502
DAS GLAUBEN JEDENFALLS DIE TOREN	508
AM ENDE NUR NOCH STAUNEN	512
LEB DEIN LEBEN	515
VERGISS ES NICHT BEWAHRE ES VON TAG ZU TAGE	518
ERKENNTNIS NAH DEM TODE	521
GEIST UND SEELE	526

WAS GEDANKEN BEWIRKEN KÖNNTEN	530
MEINE GEDANKEN SIND FREI TROTZ ALLEDEM — "A MAN'S A MAN FOR A' THAT"	534
IN DER MENSCHEN HERZEN UND IN IHREN SEELEN	539
PARADOXON DER DUMMHEIT	545
MIT DIE DUMMEN IST GOTT	548
SCHÜTTELREIM ZUM NACHDENKEN	554
ES KOMMT KEIN NARR GESCHEIT ZURÜCK	556
KLEINER ABER FEINER UNTERSCHIED	558
AUF EINEM HOLZ	559

THE STAR-
SPANGLED
BANNER   561

CREDO IN
STULTITIAM   568

XI. ARMUT UND REICHTUM
GELD UND GIER

RECHTSRADIKAL
ODER
INS ELEND GEBOREN
SCHON VERLOREN   573

ARMUT
SCHÄNDET   580

IMPRESSIONEN
ZU REICHTUM
UND ARMUT   584

DICHOTOMIE
ODER
ES BRODELT
AUF DER GANZEN WELT   590

„DAS IST DAS VERDAMMTE
AN DEN KLEINEN VERHÄLT-
NISSEN, DASS SIE DIE
SEELE KLEIN MACHEN."   595

AUSGANG
OFFEN   600

DIE GIER BEFIEHLT
DU MUSST   604

32

SEIN UND
HABEN   607

SOZIAL
VERTRÄGLICH   609

XII. GUT UND BÖSE
RECHT UND GERECHTIGKEIT

DER FLUCH DER BÖSEN TAT	617
SIMILIA SIMILIBUS NON CURANTUR	620
SCHÖPFUNGSAKT	621
DER WILLE ZÄHLT	622
ZUSTÄNDIGKEITEN	624
SELF-FULFILLING PROPHECY	626
GNADE GOTT	628
PARADOXON	629
RICHTER UND GERECHTIGKEIT	631
WARTEN AUF GODOT	633
RECHT UND UNRECHT	635

34

GERECHTIGKEIT
IM HIMMEL 636

XIII. NOCH EINIGE GEDANKEN ZU GESELLSCHAFT STAAT UND POLITIK

POLITISCH LIED GAR GARSTIG LIED	638
DIE NIEDERUNGEN DES ALLTAGS	641
VEREINIGUNG DER WIDERSPRÜCHE	642
DER STAAT HAT DIE MACHT	644
GEWALTENTEILUNG	648
HEILIGER KRIEG GEGEN DEN NEO-LIBERALISMUS	649
STAATSRÄSON UND VATERLAND	651

DER STOFF
AUS DEM STAATEN
GEMACHT WERDEN   653

ALTER WEIN
IN NEUEN
SCHLÄUCHEN   655

FREEDOM AND
DEMOCRACY   657

**XIV. AN STELLE
EINES NACHWORTS**   **661**

**XV. DER AUTOR
UND SEIN WERK**   **663**

STERBEN UND TOD

Endlich ist´s Vollbracht

Die
Blauen
Augen
Sind
Erloschen

Spitz
Küsst
Dein
Bleicher
Mund
Den
Der
Dich
Umarmt
Heut
Nacht

Du
Lächelst
Und
Willst
Damit
Sagen

Liebster
Endlich
Endlich

Ist´s
Voll-
Bracht

Du
Verzeihst
In
Deiner
Güte
Denen
Die
Dich
Gemordet

Neunmal-
Klug
Grosskotz
Und
Tausend-
Schöön

Ich
Werd
Sie
Hassen
All
Die
Tage
Die
Vergehn

Ohne
Dich

UND
DEINE
LIEBE

WEGEN
SO
ERBÄRM-
LICHER
FIGUREN
WIE
NEUNMAL-
KLUG
GROSSKOTZ
UND
TAUSEND-
SCHÖÖN

DER
DAS
VERDIENST-
KREUZ
MAN
VERLIEHEN

SPEIEN
MÖCHTE
ICH
DAROB

DER
TEUFEL
SOLL
SIE

Holen

Sie
Und
Diesen
Neunmalklug-
Und
Grosskotz-
Mob

Dieses
Gelichter
Das
Sich
Professoren
Nennt

Und
Dumm
Wie
Stroh
Nur
Hinter
Denen
Rennt
Die
Ihnen
Ruhm
Und
Geld
Ver-
Sprechen

Und
Sollt
Daran
So
Vieler
Menschen
Herz
Mehr
Noch
Die
Ganze
Welt
Zerbrechen

Am Grab

Als
Ich
Kam
Zu
Deinem
Grab
Fiel
Der
Himmel
Bleiern
Schwer
Auf
Mich
Herab

Es
Glühte
Der
Mond
Rot
Wie
Blut

In
Ihren
Strahlen
Gleisste
Der
Sonne

GLUT

WIE
STURM
BRÜLLTE
DIE
SOMMER-
LUFT

WIE
PECH
UND
SCHWEFEL
WÄHNTE
MICH
DER
BLUMEN
DUFT

IM
CHAOS
TANZTEN
DIE
GEDANKEN
UND
MEIN
ENTSETZEN
LIESS
MICH
WANKEN
UND
TAUMELN
WIE

Ein
Blatt
Im
Wind
Das
Im
Herbst
Geschwind
Vom
Baum
Herab
Gen
Boden
Sinkt

Ein
Stummer
Schrei
Entrang
Sich
Meiner
Brust
Versiegte
Tränen
Flossen
Über
Meine
Wangen

Umsonst
All
Mein
Zagend

BANGEN

MEIN
KAMPF
MEIN
HOFFEN

UND
ALL
MEINE
FRAGEN —
NACH
RECHT
UND
GERECH-
TIGKEIT
NACH
GOTT
UND
GOTTES
WILLE —
OFFEN

SO
UNENDLICH
OFFEN

OHNE
ANTWORT

OHNE
HOFFEN

Sehnsucht nach Heimat

Sturm
sei
meine
Totenglocke
Abendnebel
mein
Gewand

Sterne
mögen
mir
heim-
leuchten

mir
der
hier
auf
Erden
nie
Zu-
flucht
nie
eine
Heimat
fand

IN
DIESEM
JAMMER-
TAL

DAS
NICHT
EIN
GOTT
UNS
SCHUF

DAS
MENSCHEN
NUR
ZU
EIGENEM
BEHUF
FÜR
ANDERE
ERRICHTEN
DABEI
MITNICHTEN
MIT-
LEID
VER-
SPÜREN
FÜR
DIE
DIE
SIE
VERNICHTEN

Allein
Für
Hab
Und
Gut
Und
Geld

Dann
Find
Ich
Ruh
So
Hoffe
Ich
Vor
Dieser
Menschen
Welt

Ich hab Eden Brennen sehn

Er
Kommt

Nächtens

Und
Am
Tage

Er
Kommt

Plötzlich

Unerwartet

Er
Kommt

Erhofft

Von
Dir
Ersehnt

Er
Nimmt
Dich

Mit

Stellt
Keine
Frage

Er
Kommt

Am
Ende
Deiner
Am
Ende
Eines
Jeden
Menschen
Tage

Er
Wird
Dich
Fragen

Schaust
Du
Eden

Und
Du
Wirst
Sagen

53

ICH
HAB
EDEN
BRENNEN
SEHN

Vermächtnis

Wenn
ich
gestorben
betrauert
und
beweint
mich
nicht

Am
Grab
lasst
keinen
Pfaffen
aus
der
Bibel
lesen

Der
euch
dann
sagt
wie
gut
ich
doch
gewesen

SEI

ALS
OB
DIES
WAHR
ZUDEM
NICHT
WÄRE
EINERLEI

WAS
IHR
BEGRABT
IST
OHNEHIN
NUR
HÜLLE

FÜR
MEINE
SEELE

MEINEN
GEIST

FÜR
DAS
WAS
MAN
DEN
MENSCHEN
HEISST

Und
das
Fort-
leben
wird
in
eurem
Kopf
in
euren
Herzen

Anfangs
zwar
mit
grossen
Schmerzen

Dann
aber
nach
und
nach
sich
wandelt

In
Gedenken

An
einen
Menschen

DAS
MÖCHT
DER
HERRGOTT
EUCH
ALS
MEIN
VERMÄCHTNIS
SCHENKEN

In der Nacht mir Leuchtend Licht

Du
bist
lebendig
Schatten
mir
am
Tage

Und
in
der
Nacht
mir
leuchtend
Licht

Du
lebst
nicht
nur
in
meiner
Klage

In
meinem
Herzen

LEBST
DU

IMMER

FÜR
MICH
STERBEN
KANNST
DU
NIMMER

UND
AUF
EWIG
NICHT

WOHIN
ICH
GEHE
WO
ICH
WEILE
DA
BIST
DU
BEI
MIR

NAH
SO
NAH

Und
Dicht
Ganz
Dicht

Du
Bist
Lebendig
Schatten
Mir
Am
Tage

Und
In
Der
Nacht
Mir
Leuchtend
Licht

Du
Lebst
Nicht
Nur
In
Meiner
Klage

In
Meinen
Herzen
Lebst

Du
Immer

Für
Mich
Sterben
Kannst
Du
Nimmer

Und
Auf
Ewig
Nicht

Wo
Und
Wann
Ich
Nach
Dir
Frage
Alles
Was
Ich
In
Mir
Trage
Gibt
Von
Dir
Mir
Stets

BERICHT

DU
BIST
LEBENDIG
SCHATTEN
MIR
AM
TAGE

UND
IN
DER
NACHT
MIR
LEUCHTEND
LICHT

DU
LEBST
NICHT
NUR
IN
MEINER
KLAGE

IN
MEINEN
HERZEN
LEBST
DU

IMMER

Für
Mich
Sterben
Kannst
Du
Nimmer
Und
Auf
Ewig
Nicht

All
Meine
Furcht
Mein
Ängstlich
Wähnen
Verliert
Den
Schrecken
Lebt
Mit
Hoffnung
Dicht
An
Dicht

Du
Bist
Lebendig
Schatten
Mir
Am

Tage

Und
In
Der
Nacht
Mir
Leuchtend
Licht

Du
Lebst
Nicht
Nur
In
Meiner
Klage

In
Meinen
Herzen
Lebst
Du

Immer

Für
Mich
Sterben
Kannst
Du
Nimmer

65

Und
Auf
Ewig
Nicht

Hoffnung Trotz Trauer

Ich
muss
dich
lassen
nie
werd
ich's
fassen
wie
kann
mein
Herz
es
wagen
weiterhin
zu
schlagen

Trotz
solchem
Schmerz

Wie
kann
die
Sonne
scheinen
statt

Dass
Die
Himmel
Weinen
Die
Tränen
Die
Mir
Längst
Versiegt

In
Ihnen
Mein
Leben
Ist
Ertrunken

All
Träume
Sind
Versunken

Nichts
Mir
Noch
Am
Herzen
Liegt

Wir
Sehen
Uns

NICHT
WIEDER

IN
DIESEM
LEBEN
HIER

DOCH
MEINE
GEDANKEN
SICH
UM
DICH
RANKEN
DIR
KRÄNZE
FLECHTEN
IN
HELLEN
NÄCHTEN
DIR
LEISE
FLÜSTERN
DASS
VERGEHEN
IST
NUR
DER
ERSTE
SCHRITT
ZUM
WIEDER-

SEHEN

IN
EINER
ANDREN
BESSREN
WELT
DIE
MENSCHEN
NICHT
ZU
TODE
QUÄLT

TROTZ ALLEDEM

FREUND´
UND
FEINDE
ALS
GEMEINDE
DEREINST
LIEGEN
UNTER
EINER
DECKE

DIE
DER
ERDE

AUF
DASS
NEUES
LEBEN
WERDE

GLEICH
DEN
BLUMEN
FRIEDE
SPRIESSE

Der
Gleicher-
Massen
Freund
Und
Feind
Um-
Schliesse

Dass
Sie
Vereint
In
Ewigkeit

Fern
Ab
Der
Menschen
Zwist
Und
Streit

Weiterleben im Gedenken

Leb
derart
dass
du
sterben
kannst
an
jedem
Tag
zu
jeder
Stund

Weil
das
was
du
geschaffen
bleibet
un-
entbehrlich

Wie
dies
die
welche
nachgeboren
zudem

EHRLICH
MIT
FREUDE
WERDEN
GEBEN
KUND

ZWAR
KANN
DIE
WELT
DICH
MISSEN
DURCH
EINES
MENSCHEN
TOD
WARD
NIE
EIN
STERN
VOM
FIRMAMENT
GERISSEN

INDES

FÜR
DIE
IN
DEREN
HERZ
DU

Wohnst
Bleibst
Du
Un-
sterblich
Nie
Sie
Werden
Dich
Vergessen
Wenn
Du
An
Dem
Was
Möglich
Dich
Gemessen
Zu
Ihrem
Wohl
Zum
Wohle
Aller
Die
In
Not

So
Wirst
Du
Leben

IM
GEDENKEN

AUCH
LANGE
NOCH
NACH
DEINEM
TOD

STOFF FÜR ACH SO VIEL GESCHICHTEN

ZU
BELANG-
LOS
EUER
LEBEN

KAUM
WIRD
MAN
BERICHTEN
IN
BÜCHERN
LIEDERN
UND
GEDICHTEN
VON
EUREM
HOFFEN
SEHNEN
STREBEN

UND
LIEB
NUR
UND
GEDENKEN
DERER

Die
Geblieben
Wird
Dann
Geben
Den
Stoff
Für
Ach
So
Viel
Geschichten

Die
Schrieb
Euer
Und
So
Vieler
Wunderbarer
Menschen
Leben

Vielleicht leb ich
in diesen fort

Nach
meinem
Tod
wird
niemand
um
mich
trauern

Niemand

Nirgends

Und
an
keinem
Ort

Und
doch
hab
ich
gelebt

Wer
wird
das
was

Ich
Geschrieben
Lesen

Vielleicht
So
Meine
Hoffnung
Leb
Ich
Dann
In
Dem
In
Diesen
Fort

Hoffnung
auf Erfüllung

Ich
weiss
nicht
woher
ich
komme
ich
weiss
nicht
wohin
ich
gehe
ich
weiss
nicht
wer
ich
bin
ich
weiss
nicht
wer
ich
hätte
können
sollen
müssen
sein

Allein
mit
meiner
Angst
und
Not
hoffend
dass
der
Tod
Erlösung
bringt
wenn
meine
Kraft
dereinst
dann
sinkt

zagend
dass
all
die
Müh
und
Plag
ver-
geblich
war
all
die
Tag
die

MEIN
LEBEN
MIR
GEBRACHT
MIR
AUF-
GEZWUNGEN
DURCH
NICHTS
UND
NIEMAND
AB-
BEDUNGEN
ZU
DEM
WAS
AUS
DEM
MENSCH
DEN
MENSCHEN
MACHT

STATT-
DESSEN
VOLLER
SORGEN
TAG
UND
NACHT
DAS
GANZE
LEBEN

GLEICH
EINEM
ALP
BEI
NACHT
VER-
BRACHT

BANGEND
DASS
ICH
IM
STERBEN
NICHT
MEHR
WEISS
OB
GUT
OB
SCHLECHT
GEWESEN
WAS
ICH
VOLL-
BRACHT

MEIST
WOHL
ÜBERLEGT

OFT
UNBEDACHT

S<small>O</small>
D<small>ASS</small>
D<small>IE</small>
D<small>IE</small>
L<small>ÄNGER</small>
L<small>EBEN</small>
D<small>IE</small>
D<small>ENEN</small>
G<small>OTT</small>
M<small>EHR</small>
F<small>ORTUNE</small>
G<small>EGEBEN</small> –
A<small>UF</small>
D<small>IESER</small>
W<small>ELT</small>
D<small>IE</small>
O<small>FT</small>
Z<small>UMINDEST</small>
M<small>IT</small>
D<small>EM</small>
Z<small>UFALL</small>
S<small>TEHT</small>
U<small>ND</small>
F<small>ÄLLT</small>
D<small>ER</small>
G<small>ESCHAFFEN</small>
W<small>ARD</small>
V<small>ON</small>
M<small>ENSCHEN</small>
H<small>AND</small> –
S<small>O</small>
D<small>ASS</small>
A<small>LSO</small>

DIE
DIE
NACH
MIR
KOMMEN —
SO
SIE
DENN
DAS
WAS
ICH
ZU
SAGEN
ÜBERHAUPT
VERNOMMEN —
DEREINST
ENTSCHEIDEN
SOLLEN
OB
GUT
OB
SCHLECHT
WAS
ICH
GEMACHT
OB
KLUG
OB
DUMM
WAS
ICH
GEDACHT

OB
ES
ALSO
SINN
GEMACHT
DASS
ICH
GELEBT
GELIEBT
GELITTEN
MIT
ACH
SO
VIELEN
LEBENS-
LANG
GESTRITTEN –
UND
MEIST
MIT
DENEN
DIE
NUR
WISSEN
WOLLEN
WIE
SIE
ZU
HAB
UND
GUT
DENN
KOMMEN

Sollen
Wenn
Sie
Nicht
Zu
Grunde
Richten
Unsre
Welt —
Ob
Es
Also
Sinn
Gemacht
Dass
Ich
Verfolgt
Mein
Ziel
Ganz
Unbeirrt
Wenn-
Gleich
Durch
Viele
Vielerlei
So
Oft
Verwirrt
So
Dass
Die
Die

NACH-
GEBOREN
DERMAL-
EINST
BEFINDEN
SOLLEN
OB
DAS
WAS
MIR
DER
LIEBE
GOTT
GEGEBEN
NUR
ZERRONNEN
ODER
DAS
WAS
SCHICKSAL
MIR
DURCH
ZUFALL
SCHENKTE
AUF
DIE
RECHTE
BAHN
MICH
LENKTE
OB
ALSO
GOTTES

Gabe
mir
ward
zum
Segen
nicht
zum
Fluch

So
meine
Hoffnung

Ganz
bescheiden
für
eines
Menschen
Leben

Gleichwohl

Um
Mensch
zu
werden
gross
genug

Sinn des Lebens

Ich
weiss
nicht
wer
ich
bin

Ich
weiss
nicht
wohin
ich
gehe

Ich
hoffe
dennoch
dass
ich
Spuren
hinterlasse

Wo also ist der Geist geblieben

Wenn
der
Mensch
stirbt
wird
er
Geist

indes

wie
wenig
Menschen
nur
ward
Geist
be-
schieden

Wo
also
ist
der
Geist
geblieben

Ist
er
das
Gute
ist
er
das
Böse
die
jedem
Menschen
angeboren

Ist
er
die
Hoffnung
ohne
die
wir
allesamt
verloren

Ist
er
Liebe
ist
er
Hass

Oder
Selbst-
sucht

OHNE
MASS

WER
WEISS
DIES
SCHON

UND
WIRKLICH
ANTWORT
GEBEN
WEDER
PHILOSOPHEN
NOCH
IRGENDEINE
RELIGION

Stoss-Seufzer

Herr
Gib
Mir
Meinen
Eignen
Tod

Voll
Der
Liebe
Ohne
Not

Man stirbt wie man gelebt hat

Das
Leben
Führt
Zum
Tod

Wie
Wahr

Jeder
Lebt
Sein
Leben

Jeder
Stirbt
Seinen
Tod

Wie
Also
Könnte
Der
Seinen
Tod
Sterben

DER
NICHT
SEIN
LEBEN
GELEBT
HAT

Ars moriendi

Geboren
Werden
Alle

Zu
Leben
Versuchen
Viele

In
Würde
Zu
Sterben
Ist
Nur
Wenigen
Vergönnt

MENSCH-WERDUNG

STERBEN
BEDEUTET

NACKT
WERDEN

STERBEN
BEDEUTET

NICHT
MEHR
VERBERGEN
KÖNNEN

STERBEN
BEDEUTET

DER
ZU
WERDEN
DER
MAN
TATSÄCHLICH
IST

MUTIG
ODER
ÄNGSTLICH

FEIGE
ODER
AUFRECHT

VERZAGT
ODER
VOLL
DER
ZUVERSICHT

MENSCH
ODER
DOCH
NUR
ZERR-
BILD
EINES
SOLCHEN

WÜRDEN
WIR
DOCH
NUR
JEDEN
TAG
EIN
STÜCK-
WEIT
STERBEN

100

DANN
KÖNNTEN
WIR
JEDEN
TAG
EIN
WENIG
MEHR
MENSCH
WERDEN

Geburt und Tod

Wer
geboren
wird
schreit

Dies
ist
dem
Leben
geschuldet

Wie
oft
schreien
auch
die
die
sterben

Das
haben
allein
Menschen
zu
ver-
antworten

Tod und Geburt

Am
Tag
An
Dem
Du
Stirbst
Wirst
Du
Geboren

Für
Die
Ewigkeit

KRANKHEIT ZUM TODE
ODER
STERBEN AM LEBEN

MAN
STIRBT
NICHT
WEIL
MAN
KRANK
IST

MAN
STIRBT
AM
LEBEN

UND
AN
DEN
MENSCHEN

DENN
DIE
SIND
UNSERE
KRANKHEIT
ZUM
TODE

Schicksal eines Christenmenschen

In
die
Welt
geworfen

Ungefragt

Zum
Leben
verdammt

Von
Sehnsucht
geplagt

Vom
Sein
erschöpft

Schliesslich
gestorben

Vor
der
Zeit

UND
DAS
SOLL
REICHEN
FÜR
DIE
EWIGKEIT

Ach so viel Versäumt

Ach
Wie
Viel
Hab
Ich
Versäumt
Von
So
Vielem
Nur
Geträumt

Nun
Zur
Strafe
Für
Versäumtes
Leben
Auf
Den
Tod
Zu
Warten
Mir
Das
Schicksal
Aufgegeben

FÜGUNG

NEIN
DAS
GLAUB
ICH
KAUM

SONDERN
DEREN
SCHULD
UND
STREBEN
DIE
BAR
VON
JEDEM
SKRUPEL
WÄHNEN
IHNEN
SEI
DAS
RECHT
GEGEBEN
ÜBER
ANDRER
WÜNSCH
UND
LEBEN
ZU
BESTIMMEN

So
Dass
Deren
Träum
Zerrinnen

Gleicher-
Mass
Ihr
Hoffen
Schwindet
Wie
Ihr
Sehnen
Nach
Einem
Glücklich
Selbst
Bestimmten
Leben

Das
Ihnen
Einst
Der
Liebe
Gott
Ver-
Sprochen

Das
Ward
Durch

MENSCHEN-
HAND
ZERBROCHEN

DAS
IHNEN
WARD
DURCH
MENSCHEN
HAND
GENOMMEN

SO
DASS
ALL
IHRE
TRÄUM
ZER-
RONNEN

WIE
EIS
IN
TAUSEND
SOMMER
SONNEN

Vor der Zeit

Den
der
sterben
will
wird
der
Tod
einholen

früher
oder
später
zwar

aber
mit
Gewissheit
vor
seiner
Zeit

Mord ohne Schafott

Die
Aller-
meisten
Menschen
Sterben
Nicht
Auf
Dem
Schafott

Oder
Durch
Den
Henker

Trotzdem
Werden
Sie
Gemordet

ABSCHIED UND TRAUER

VERZWEIFLUNG UND SCHMERZ

Susette et Marie

Finsternis
mir
dunkelt
da
gebrochen
ihrer
Augen
Licht

Nimm
mich
auf
des
Irrsinns
Nacht
da
nie
mehr
funkelt
meiner
Liebsten
Lieb
mit
ihrer
Macht

Mich
zu
heilen
von
den
Wunden
die
mir
schlug
das
Leben

Das
mir
ward
von
Gott
gegeben

Das
mir
ward
genommen
durch
meiner
Liebsten
Tod

Meine
Feinde
Herr

Lass
Spüren
Diese
Un-
Geheure
Not

Und
Müsstest
Du
Allein
Für
Sie
Die
Hölle
Schaffen

Darum
Bitt
Ich
Dich

Nicht
Allein
Für
Mich

Sondern
Auch
Für
All
Die
Andern

Die
Zugrund
Sie
Richten
Dabei
Mitnichten
Irdische
Gerechtigkeit
Sie
Quält

Denn
Auf
Erden
Gut
Und
Geld
Vom
Halse
Ihnen
Jeden
Schaden
Hält

So
Also
Bitt
Ich
Dich

Auf
Dass

NICHT
AUCH
IM
HIMMEL
ALLEIN
DER
MAMMON
ZÄHLT

Abschied
Der Vorhang zu
Und alle Fragen offen

Sieben
Äpfel
Du
Gezählt

Dann
Dir
Wähnt
Dass
Bald
Vorbei
Des
Lebens
Last

Kein
Blick
Zurück
Beim
Scheiden

Ich
Wusste
Dass
Uns
Beiden

NICHT
VERGÖNNT
EIN
WIEDER-
SEHN

AUCH
WENN
ALLES
WAS
GEWORDEN
HIER
AUF
ERDEN
MUSS
VERGEHN

KEIN
MENSCH
KANN
JE
ERTRAGEN
DERART
QUAL

UND
ALL
DIE
FRAGEN

WARUM

WIESO

WESHALB

WOFÜR
ZUMAL

FRAGEN
ÜBER
FRAGEN

WIE
KÖNNT
ICH
JEMALS
WIEDER
HOFFEN

DES
LEBENS
VORHANG
ZU

UND
ALLE
FRAGE
OFFEN

Dies irae
Dies illa

Wenn
von
allen
Menschen
auf
der
Welt
dermal-
einst
die
Maske
fällt
dann
seh
ich
Angst
und
Kummer
und
auch
Schmach
dass
sie
getragen
all
die
Tag

Die
Das
Leben
Ihnen
Auf-
Gegeben
So
Klaglos
All
Ihr
Un-
Gemach

Wie
Gespenster
Die
Kaum
Geboren
Schon
Verloren
Nur
Harren
Dass
Der
Tod
Er-
Lösung
Gibt
In
Diesem
Schlecht
Gespielten
Stück

DAS
MAN
DAS
LEBEN
NENNT

UND
WENN
DIE
GANZE
WELT
DANN
BRENNT
UND
DIES
IRAE
DIES
ILLA
SOLVET
SAECLUM
IN
FAVILLA
DANN
HOFF
ICH
DASS
DER
HERRGOTT
IHNEN
GNADE
SCHENKT

In
jenem
Trauer-
spiel
Das
man
genannt
Der
Welten
Lauf

Gnade

Gnade

Gnad
Zuhauf

Für
Das
Was
Sie
Ver-
Brochen
Kaum
Aus
Dem
Mutterleib
Gekrochen

Aus
Dummheit
Feigheit

HASS
UND
NEID

WAS
SIE
GETAN
FÜR
GUT
UND
GELD

AUF
DIESER
SO
ER-
BÄRMLICH
WELT

So fern
Und doch
So nah

So
Lass
Uns
Abschied
Nehmen

Zwei
Sternen
Gleich
Am
Firmament

So
Fern
Und
Doch
Zugleich
So
Nah

Weil
Lieb
Nicht
Nah
Noch
Ferne
Kennt

Ade
Adieu
Ad Deum

Entstehen
und
vergehen

Ein
ewger
Zirkel
in
der
Menschen
Leben

Im
Welten
Lauf

Und
diesen
Gang
des
Schicksals
hält
weder
Gott
noch
Teufel
auf

WOHIN
DIE
REISE
GEHT

WIR
WISSEN
NICHT
WIR
AHNEN
NUR

INDES

WAS
JEMALS
WARD
KANN
NICHT
VERGEHEN

ES
ÄNDERT
NUR
GESTALT
UND
FORM

DER
KÖRPER
IST
ALLEIN
DIE

Hülle

Für
Unsre
Seele
Unsern
Geist

Für
Das
Was
Man
Eigentlich
Einen
Mehr
Noch
Was
Man
Den
Menschen
Heisst

So
Also
Werde

Und
À Dieu
Vergehe

Auf
Dass
Entstehe

Ein
Mensch

Auf
Seinem
Weg
Zu
Gott

Ad
Deum

Voll
Der
Hoffnung

Frei
Von
Not

Nicht
Erst
Nach
Vielmehr
Schon
Vor
Seinem
Und
Vor
Seinem
Jeweils
Eignen
Tod

Gedächtnis

Hier
Ruhet
Ihre
Arme
Seele

Nur
Not
War
Ihr
Geleit

Die
Schlich
Bis
Hin
Zu
Ihrem
Grab

Dann
Schlich
Sie
Weiter
Überliess
Die
Liebste
Der

Vergessen-
heit

Auch
wenn
hienieden
kaum
einer
sie
vermisst

Nun
schmerzt
sie
nichts
mehr
und
ich
hoffe
dass
süss
ihr
schlummer
ist

Durch
diesen
Schlaf
den
nur
der
Tod
verleiht

Als Letzter Engel Der Barmherzigkeit

Tränen

Aller
Menschen
Tränen
Wein
Ich

Möchte
Fühlen
Aller
Not
Und
Leid

Das
Sie
Litten

Das
Sie
Leiden

Heute
Wie
Seit
Anbeginn

Ihrer

Aller

Menschen
Zeit

Fühle
Mich
So
Tief
Verbunden
Ihrer
Trauer
Ihrem
Schmerz

Weil
Der
ihre
Ist
der
Meine

Und
Der
Meine
Müsst
Auch
Sie
Dann
Treffen
Mitten
In
Ihr
Menschen-
Herz

So
Ich
Glaubte

All
Mein
Leben

Bis
Dann
Dieses
Mich
Belehrt

Denn
Mein
Schmerz
War
Für
Die
Andern
Ohne
Irgend
Einen
Wert

Ach
Ihr
Menschen
Wer
Und
Was
Nur

Hat
Euch
So
Verdreht
Verkehrt

Dass
Ihr
Nimmer
Weint
Für
Andre

Nicht
Empfindet
Deren
Schmerz

Dieser
Keinen
Platz
Drum
Findet

In
Eines
Christen
Schlichtweg
In
Eurem
Eines
Menschen
Herz

Ein Herz Aus Stein

Der
Menschen
Herz

So
Kalt
Wie
Stein

Wer
Zahlt
Hat
Recht

Das
Sei
der
Welten
Lauf

Der
Menschen
Herz

**So
Kalt**

Wie Einst Das Herz Aus Stein

Bei Wilhelm Hauff

Skylla und Charybdis

In
dieser
Welt
werden
Herzen
gebrochen

Oder
zu
Stein

So
kannst
du
also
wählen

Zwischen
Skylla
und
Charybdis

Und
mit
gebrochenem
oder
steinernem
Herzen

LEBEN

UND
STERBEN

OFT
VOR
DEINEM
TOD

Gerechtigkeit im Tod

Stumme
Schreie
Laut
Geschrien

Versiegte
Tränen
Hemmungs-
Los
Geweint

Mehr
Als
Einen
Tod
Gestorben

Mit
Aller
Menschen
Schicksal
Ganz
Und
Gar
Vereint

So
Also

Leb
Ich

Und
Hoffe

Dass
Der
Tod
Erlösung
Bringt

Und
Alle
Menschen
Doch
Noch
Eint

Schmerz und Verwirrung

Unsäglich
der
Schmerz

Mitten
im
Herz

Und
all
die
Gedanken

Die
wanken
und
schwanken

Im
wogenden
Irrsinn
den
man
die
Welt
genannt

ODER
AUCH
EINES
MENSCHEN
ZEIT

ALLEIN

DIE
HOFFNUNG
BLEIBT

ZUM
BESSEREN
SICH
WENDE
DER
WELTEN
LAUF

DAMIT
NICHT
DIE
MENSCHEN
ZUHAUF
AM
ELEND
VERZAGEN

MEIST
OHNE
ZU
KLAGEN

Schlimmer
Noch

Ohne
Zu
Fragen

Warum

Wissend
Dass
Kein
Arzt
Kann
Heilen
Ihr
Leid
Kann
Lindern
Die
Pein

bisweilen
Voller
Hoffnung
Meist
Deren
Bloss

Derart
Ihr
Los

AUF
ERLÖSUNG
HOFFEND

IN
GEDICHTEN

NACH
LÖSUNGEN
SUCHEND

IN
DES
LEBENS
PROSAISCHEN
GESCHICHTEN

UND
IMMER
DIE
FRAGE

WOFÜR

WESHALB

UND
ÜBERHAUPT

WARUM
ALL
DIE
NOT

UND
ALL
DIE
VER-
ZWEIFELTEN
GEDANKEN

DIE
KREISEN
WIE
EIN
BLATT
IM
WIND
DAS
IN
HERBSTENS
STURM
VOM
BAUM
HERAB
GEN
BODEN
SINKT

WARUM
NUR

WARUM

ὀξύμωρος
Contradictio
Non in adiecto
Sed in concreto

Zuhaus

Im
Nirgendwo

Auf
Dem
Weg

Nach
Irgendwo

Lebst
Du
In
Wüsten
Kalt
Und
Stumm

Immer
Auf
Der
Suche

Warum
Nur

Sag
Warum

Dein
Hoffen
Und
Dein
Sehnen
Dann
Streben
Gen
Himmel

Hoffnungs-
Voll

Derart
Kannst
Du
Wähnen

Man
Würd
Dich
Dort
Verstehen

Du
Narr

WIE
DUMM

WIE
DUMM

GLEICHWOHL

HIENIEDEN
AUF
DER
ERDE
DU
NIEMALS
HEIMAT
FANDST

WIE
GUT
DASS
NACH
DEM
TODE

AUF
EIN
ZUHAUS
DU
HOFFEN
KANNST

**Wozu
Warum**

In
Ver-
zweiflung
Gefangen

Wut
Und
Zorn
Wie
Ständige
Hiebe

Mitten
Im
Herz
Dieser
Unsäglich
Schmerz

Aber
Oh
Wunder
Auch
Schwellend
Vor
Liebe
Mein
Weidwundes

HERZ

SO
HARR
ICH
DER
DINGE

DIE
KOMMEN

WERDEN

UND
WEISS
NICHT
OB
AUF
ERDEN
ICH
WEITER-
LEBEN
WILL

UND
KANN

UND
FRAGE
MICH
DANN

WOZU

Warum

Und
Dann
Denk
Ich

Das
Leben
Geht
Weiter

Sei
Nicht
So
Dumm

Also
Traue
Ich
Mich

Warum
Nur

Warum

DAS ALLES KANN NICHT ZEIGEN MEIN UNENDLICH GROSSES LEIDEN

VERRR-ZWEIFLUNG

SCHRRR-EINDER
SCHME-RRRZ

WUUU-T
UND
HA-SSS

BERRR-STEND
GRRR-EL

WIE
ZERRR-SPLITTERNDES
GLAAA-S

SEEE-HNSUCHT

SEEE-LE
FAHL
BLA-SSS
DER
BLICK

UND
VOM
ABGRUUU-ND

Einen
Schri-ttt
Nur

Zu-rückkk
Zu-rückkk

Schrrr-einder
Schme-rrrz

Diese
Leee-re
Im
Herz

Dieser
Wirrwa-rrr
Im
Kopf

Träää-nen
Die
Laufen

Nichts
Das
Bleibt

Ausser
Scherrr-ben-
Haufen

Indes

Das
Alles
Kann
Nicht
Zeigen
Mein
Unendlich
Grosses
Leiden

Hoffnung Trotz Hoffnungslosigkeit

Der
Trauer
Tränen
Längst
Versiegt
Stumme
Schreie
Still
Geschrien
Unumwunden
Hoffnungslosigkeit
Empfunden

Oftmals
An
Den
Tod
Gedacht

In
Der
Nacht

UND
AUCH
AM
TAGE

AUFGEMERKT

SOLLT
ICH
ZU
TODE
KOMMEN
NICHT
HAND
HAB
ICH
AN
MICH
GELEGT

DAS
LEBEN
HAT
MAN
MIR
GENOMMEN

OHNE
ZWEIFEL
KEINE
FRAGE

BRENNEND
DER
KERZE
GLEICH
DEREN
DOCHT
AN
BEIDEN
ENDEN
MAN
ENTZÜNDET

WEIL
ICH
NOCH
NICHT
GENUG
GEKÜNDET
VON
DEM
WAS
MICH
BERÜHRT
BEWEGT

VON
DEM
WAS
IN
DIE
WIEGE
EINST
MIR

WARD
GELEGT

AN
GABEN

VON
DEM
WAS
DANN
ERRUNGEN
HABEN
MEINE
SORGFALT
UND
MEIN
STREBEN
BEI-
ZUTRAGEN
ZU
DEM
WISSEN
EBEN
DAS
ICH
ERRUNGEN
UND
DAS
VERÄNDERN
KÖNNT
DIE
WELT
IN

Ihrem
Lauf

Ach
Wären
Doch
Der
Feinde
Nicht
Zuhauf

Die
An-
Gesichts
Der
Eignen
Pfründe
Und
Bedenkend
Tausend
Eigennützig
Andre
Gründe
Niemals
Dulden
Werden
Dass
Sich
Hier
Auf
Erden
Etwas
Ändre

An
der
Welten
Lauf

So
sagt
mir
der
Verstand
dass
keine
Hoffnung
sei

Doch
einerlei

Nur
mit
Hoffnung
kann
ich
leben

Dieses
eine
Leben
eben

Das
der
Herrgott

Mir
Gegeben

Das
Der
Tod
Mir
Einst
Wird
Nehmen

Das
Zu
Leben
Ich
Ge-
Zwungen

Durch
Nichts
Und
Niemand
Ab-
Bedungen

Und
Das
Wie
Jedes
Andre
Leben
Einzigartig
Ist

INSOFERN
WUNDERBAR

DIES
IST
MIR
ER-
KENNTNIS
GIBT
MIR
HOFFNUNG

JETZT
UND
IMMER-
DAR

Ich will nicht euer Hofnarr sein

Als
mich
schaute
die
ver-
zweiflung
dann
aus
jedem
Winkel
meiner
Seele
an
war
ich –
obwohl
ich
trug
wie
all
die
andern
auch
das
Narren-
kleid –
fürderhin

NICHT
MEHR
BEREIT
ZU
KÜNDEN
MEINEN
HERRN —
DIE
NICHT
GOTT
ALS
HERRN
MIR
AUF-
GEGEBEN
DIE
AUF-
GEZWUNGEN
MIR
DAS
LEBEN —
WIE
WUNDERBAR
WIE
LUSTIG
GAR
DAS
LEBEN
UND
ICH
DER
HERREN
HOFNARR

Sei

Deshalb
Sei
Ohnehin
Alles
Andere
Dann
Einerlei

Nein

Nein

Und
Noch-
Mals
Nein

So
Riss
Ich
Mir
Vom
Leib
Das
Narren-
Kleid

Und
Sagte
Meinen
Oberen

ES
KANN
NICHT
SEIN
DASS
ICH
WÄHREND
ICH
GANZ
HEIMLICH
WEIN
FÜR
EUCH
GLEICH-
WOHL
DEN
AFFEN
GEBE

DABEI
NICHTS
HÖRE

AUCH
NICHTS
SEHE

UND
NICHTS
REDE

MACHT
EUREN

AFFEN
SELBST

MACHT
IHN
NUR
FÜR
EUCH
ALLEIN

ICH
WERD
IN
ZUKUNFT
AUF-
RECHT
GEHEN

NUR
SO
KANN
ICH
ICH
KANN
MENSCH
ICH
SEIN

Klagend Frage
Lieber Gott
Wo warst Du

Wie
Oft
Ward
Ich
Belogen

Wie
Oft
Ward
Ich
Betrogen

Hab
Und
Gut
Dann
Auch
Die
Ehre
Hat
Man
Mir
Genommen

Selbst
Das
Licht

Von
Tausend
Sonnen
Brächte
In
Meiner
Trauer
Und
Ver-
Zweiflung
Nächte
Nie
Und
Nimmer
Auch
Nur
Einen
Kleinen
Schimmer
Von
Lebens-
Freud
Zurück

Alle
Not
Hab
Ich
Gelitten

Alle
Angst
Hab

Ich
em-
pfunden

Ich
gesteh
es
un-
umwunden

Alle
Schmach
mir
ward
beschieden

Nicht
vom
Schicksal

Denn
hienieden
ach
er-
bärmlich
Welt

Einzig
und
allein
nur
zählt

Was
Die
Menschen
Die
Da
Herrschen
Über
Andere
Verfügen
Und
Mit
Ihren
Grenzen-
Losen
Lügen
Andere
Betrügen
Um
Ihr
Leben
Das
Noch
Eben
Voll
Der
Hoffnung
Schien

Deshalb

Lieber Gott
Wo
Warst

Du

Als
So
Dringend
Du
Gebraucht

Nichts
Du
Unter-
Nahmst

Mit
Nichts
Du
Hast
Geholfen

Deine
Macht
Dein
Name
War
Nicht
Mehr
Als
Schall
Und
Rauch

Oder
Zählst

AUCH
DU
ZU
DIESEN
ÜBLEN
HERRSCHERN

AUCH
DU

DU
ETWA
AUCH

Weil im Schmerz der Andren das eigne Leid man fand

Wenn
Du
Nicht
Fühlst
Die
Tränen
Die
Ach
So
Viele
Weinen

Und
Nur
Die
Deinen
Wichtig
Dir
Erscheinen

Die
Aber
Nie
Du
Musstest
Weinen

WEIL
DU
NICHT
KENNST
DIE
EIGNE
NOT

DANN
BIST
DU
TOT

IN
DEINER
SEELE

LANGE
SCHON

ACH
DU
VER-
KRÜPPELT
WESEN

DAS
MENSCH
GENANNT

AUCH
WENN
SO

WENIG
MENSCH-
LICHES
MAN
FAND

BEI
DIR

DER
DU
NICHT
BEREIT
AUCH
DER
ANDERN
LEID
MIT-
ZUTRAGEN

OHNE
IMMER-
FORT
ZU
FRAGEN
WAS
DIR
FROMMT
DIR
NUTZEN
BRINGT

SELBST
WENN
DAS
LEID
DER
ANDERN
DEINER
MACHEN-
SCHAFT
ENT-
SPRINGT

NUR
WER
SELBST
LEID
UND
SCHMERZ
ERFAHREN
KANN
ANDRER
SCHMERZEN
SEHEN
KANN
DIESEN
SCHMERZ
VERSTEHEN
GLEICH
EIGNEM
SCHMERZE
TRAGEN

Dies
Mitleid
ward
genannt

Weil
im
Schmerz
der
Andren
das
eigne
Leid
man
fand

Nur was unter Schmerz geboren

Macht
Es
Die
Muschel
Krank
Dass
Sie
Die
Perle
Trägt

Nein

Denn
Erst
Im
Schmerz
Die
Muschel
Dann
Erkannt
Dass
Diese
Perle
Die
Im
Schmerz
Entstand

MIT
SCHÖNHEIT
IHREN
SCHMERZ
VERBAND

DASS
BEIDE
MUSCHEL
WIE
PERLE
DADURCH
AUSERKOREN

UND
DASS
NUR
DAS
WAS
UNTER
SCHMERZ
GEBOREN
TATSÄCHLICH
EINEN
WERT
ERLANGT

Der Rose Dornen

Wenn
ich
eine
Rose
sehe
denk
ich
auch
an
ihre
Dornen

Wenn
ein
Dorn
mich
sticht
auch
an
der
Rose
Pracht
ich
denke

So
ist
schön-

HEIT
AUCH
MIT
SCHMERZ
VERBUNDEN

UND
IN
SCHMERZ
IST
OFT
GEWUNDEN
WAS
ALS
SCHÖNHEIT
DANN
ENTSTEHT

DESHALB
AN
DER
ROSE
SEHT

KEINE
ROSE
OHNE
DORNEN

UND
NICHTS
WAS
SCHÖN

WAS
WERTVOLL
OHNE
SCHMERZ
ENTSTEHT

HOFFNUNG

Prinzip Hoffnung

Ich
Lebte
Nicht
Mehr

Wenn
Die
Hoffnung
Nicht
Wär

Denn
Hoffnung
Allein
Kann
Mindern
Die
Pein
Die
Angeblich
Unerlässlicher
Teil
Von
Menschlichem
Sein
Tat-
sächlich
Jedoch

Folge
un-
menschlich
menschlicher
Tat
durch
Schmerz
und
Leid
durch
Spott
und
Schmach
jeden
Menschen
auch
dich
und
mich
zu
brechen
vermag

Wenn
die
Hoffnung
nicht
wär
ich
lebte
nicht
mehr

Denn
die
Hoffnung
allein
er-
möglicht
mehr
noch
schafft
und
gestaltet
tagtäglich
mein
Sein

Längst
lebt
ich
nicht
mehr

Wenn
die
Hoffnung
nicht
wär

Hoffnung – Ursprung jener Kraft die immer wieder einen neuen Anfang schafft

Jeden
Tag
Erneuert
Sich
Mein
Hoffen
Bleibt
Blühend
Wie
Der
Blumen
Blüte
Offen
Dennoch
Geheimnis
Kaum
Zu
Ergründen
Wodurch
Genährt
Oft
Beschädigt
Tief
Versehrt
Tausendfach
Aufs
Neu

Belogen
Immer
Wieder
Neu
Betrogen
Dennoch
Teil
Von
Jener
Kraft
Die
Allzu
Oft
Verzagt
Indes
Stets
Und
Neuerlich
Abermals
Den
Anfang
Wagt

Und
Schafft

Hoffnung — funkelnd wie die Sterne

Der
Baum
Bin
Ich

Der
Vogel
Das
Bist
Du

Ich
Bin
Das
Ge-
Denken

Du
Das
Sind
Die
Sterne
Funkelnd
In
Der
Ferne
Weitab
Und

Doch
So
Nah
So
Nah

Hoffnung – Nur ein Traum

In
Einer
Kalten
Winter-
Nacht
Träumte
Ich
Von
Dir

Als
Ich
Bevor
Der
Morgen
Graute
Auf-
Gewacht
Warst
Du
Nicht
Mehr
Hier

Bei
Mir

Voll
Sehnsucht
Wollte
Ich
Zurück
In
Das
Gespinst
Der
Illusion

Das
Vielleicht
Gar
Unsere
Wahrheit
Ist

Wer
Könnt
Dies
Wissen
Weiss
Dies
Schon

Es
Bleibt
Die
Hoffnung
Dass
Dereinst
Die

Träume
wirklich
werden
und
ver-
meintlich
Wirklichkeit
wird
werden
blosser
böser
Traum

Nicht
wenn
es
draussen
stürmt
und
schneit

Jedoch
in
einer
fernen
in
aller
Menschen
Sommer
Zeit

Wie des Meeres Rauschen

Auch
wenn
sich
Hoffnung
auf
Hoffnung
wie
Wog
auf
Woge
bricht
sehn-
süchtig
wie
das
Meer
in
seinem
Rauschen
erschöpft
sich
in
des
Lebens
Brandung
meine
Hoffnung
dennoch

NICHT

DENN
IN
SEINEM
BANGEN
SEHNEN
MEIN
HERZ
HOFFT
WEITER
VOLLER
INBRUNST
TAG
FÜR
TAG

DAS
IST
WIE
DES
MEERES
RHYTHMUS
MEINES
HERZENS
UND
DES
LEBENS
EWIG
TAKT
UND
ENDLOS
SCHLAG

Die Hoffnung Stirbt Zuletzt

Was
Wäre
Wenn
Es
Keine
Kriege
Mehr
Gäbe

Was
Wäre
Wenn
Alle
Menschen
Tatsächlich
Gleich
Wären

Ungeachtet
Ihrer
Herkunft
Und
Ihres
Glaubens

Was
Wäre
Wenn

Es
Nicht
Mehr
Hunger
Und
Not
Gäbe

Was
Wäre
Wenn
Gottes
Kreaturen
In
Eintracht
Zusammen
Leben
Könnten

Und
Würden

Lebten
Wir
Dann
Im
Paradies

Wer
Weiss

Es
Bleibt

UTOPIE

ABER
DIE
HOFFNUNG
STIRBT
BE-
KANNTLICH
ZULETZT

„Das übelste der Übel"

Verlängert
Hoffnung
Nur
Die
Qual

Lässt
Sie
Die
Qual
Erst
Tragen

Oder
Aber

Wieviel
Leid
Braucht
Der
Mensch

Um
Mensch
Zu
Werden

Und
Wieviel
Leid
Kann
Der
Mensch
Ertragen

Und
Noch
Mensch
Bleiben

Fragen
Über
Fragen

Die Antwort
Bleib ich schuldig

Was
dürfen
wir
hoffen

Eine
der
grossen
Kantschen
Fragen

Wer
könnte
sie
je
beantworten

Ein schmaler Steg

Hoffnung
ist
der
schmale
Steg
über
die
Furten
und
Untiefen
wie
über
die
Abgründe
des
Lebens

Licht im Dunkeln

Hoffnung
ist
das
Licht
das
durch
unsere
Sehnsucht
brennt
und
durch
unser
Mensch-
sein
leuchtet

Oft
brennt

Selten
leuchtet

DIE SCHLIMMSTE ALLER HÖLLEN

DIE
HÖLLE

DAS
IST
DIE
WELT

DIE
HÖLLE

DAS
SIND
DIE
MENSCHEN

DIE
SCHLIMMSTE
HÖLLE
ABER
IST
OHNE
HOFFNUNG
ZU
LEBEN

209

LEBEN
ZU
MÜSSEN

Der Hoffnung Sterne

Stärker
als
meine
Ver-
zweiflung
ist
nur
meine
Hoffnung

Sie
die
Hoffnung
ist
das
Abbild
der
Sterne
die
sich
noch
im
dunkelsten
Brunnen
dem
der
Verzweiflung
spiegeln

Schwestern In Geist und Tat

Hoffnung
Ist
Die
Schwester
Der
Utopie

Was
Wir
Nicht
Zu
Denken
Wagen
Können
Wir
Nicht
Zu
Verwirklichen
Hoffen

Vermeintliches Paradoxon

Wer
nichts
mehr
hat
der
hat
immer
noch
die
Hoffnung

Wer
keine
Hoffnung
mehr
hat
der
hat
in
der
Tat
nichts
mehr

BROT UND HOFFNUNG

AUCH
WENN
HOFFNUNG
DAS
BROT
DER
ARMEN
IST

OHNE
BROT
WERDEN
NICHT
NUR
DIE
ARMEN
VER-
HUNGERN

Falsche Propheten

Die
grössten
Demagogen
waren
und
sind
die
die
am
geschicktesten
die
Hoffnung
schüren
dass
der
Menschen
Sehnsüchte
sich
erfüllen

werden

und
sei's
in
einem
anderen
Leben

Keine billige Hoffnung

Zwar
ist
Hoffnung
wohlfeil

Aber
nur
grosse
Hoffnung
macht
auch
einen
grossen
Menschen

Insofern
ist
Hoffnung
in
der
Tat
wohlfeil

Aber
auch
billig

216

Für Grosse Menschen

„Dum spiro spero" Verantwortung für die Hoffnung

Hoffnung
ist
nicht
an
sich

Für
sich

Einfach
da

Du
musst
sie
nähren

Wie
ein
Kind

Ansonsten
stirbt
sie

LIEBE SEHNSUCHT LEIDENSCHAFT

Liebe

Wie
mag
die
Liebe
gekommen
sein

Kam
sie
zärtlich
heftig
leiden-
schaftlich
rein

Kam
sie
wie
Morgen-
röte
glühend

Kam
sie
mild
im
Abend-
schein

Kam
Sie
Wie
Ein
Schauer
Wie
Ein
Beben

Oder
Kam
Sie
Zart
Zer-
Brechlich
Und
Über-
Irdisch
Rein

Sie
Kam
Am
Tag
Der
Wilden
Rosen
Der
Chrysanthemen
Duftend
Schwer

Sie
kam
wie
eine
Märchen-
weise
derartig
heimlich
still
und
leise
als
wär's
ein
Traum
dass
ich
an
sie
gedacht
in
einer
langen
hellen
Nacht

Hoffnung

Durch
Deine
Liebe
Neu
Beseelt
Fühl
Ich
Des
Eignen
Wesens
Weiten

Durch
Deine
Liebe
Neu
Belebt
Werd
Ich
Zu
Un-
Bekannten
Ufern
Schreiten

Durch
Deine
Liebe
Neu

ERFÜLLT
MIT
HOFFNUNG
WELCHER
ANGST
BEREITS
DIE
FLÜGEL
LÄHMTE

DURCH
DEINE
LIEBE
MEINER
SEELE
BLEICHE
SONNE
IHR
DÜRFTIG
LABSAL
DENNOCH
EINZIG
EWIG
WONNE

Geschenk

Sich
finden

Ein
Ver-
sprechen
für
immer
Glück
mit
den
Schatten
des
Lebens
wachsend
blasses
Abbild
eines
Traums

Und
doch
ein
Geschenk

Zauberwald

Durch
Einen
Zauberwald
Schreite
Ich

Und
Die
Bäume
Neigen
Sich

Aus
Ehrfurcht
Vor
Dem
Wunder
Der
Liebe

Wohl
Wissend
Dass
Es
Kostbareres
Nicht
Gibt

Verzweiflung

Ich
kann
dir
nie
mehr
sagen
im
Herzen
will
ich's
tragen
kein
Lied
kann's
dir
gestehen
in
keinem
Blick
wirst du
je
sehen
wie
lieb
un-
endlich
lieb
ich
dich

Und
Was
Von
Dir
Geblieben
Hab

FREIHEIT

Nur
Wer
Liebt
Ist
Wirklich
Frei

Alles
Andre
Einerlei

Nur
Wer
Liebt
Kann
Sehen
Fühlen
Riechen

Nur
Den
Der
Liebt
Kann
Nichts
Verdriessen

Nur
wer
liebt
kann
hoffen
sehnen
bangen

Auf
Wolken
thronen
Hirngespinste
fangen

Nur
wer
liebt
ist
stark
und
schwach
zugleich

Nur
dem
der
liebt
gehört
das
Himmelreich

Nur
Wer
Liebt
Ist
Wirklich
Frei

Alles
Andre
Einerlei

Der Liebe ergeben

Der
Liebe
Ergebe
Ich
Mich

Nichts
Und
Niemand
Sonst

Nichts ist ohne Die Liebe

Die
Liebe
Ist
Alles

Die
Liebe
Kann
Alles

Die
Liebe
Versteht
Alles

Die
Liebe
Verzeiht
Alles

Die
Liebe
Kennt
Kein
Tabu

Und
Alles
Ist
Nichts
Ohne
Die
Liebe

Sehnsucht ohne Heimat ohne Zeit

Unerfülltes
Sehnen
Tief
Im
Herzen
Möcht´
Ich´s
Wähnen

Ohne
Heimat
Ohne
Zeit

Gleicher-
massen
Brücke
Zu
Zukunft
Und
Vergangen-
heit

Unerfüllte Sehnsucht

Zwei
Bäume
Sich
Neigen

In
Nächt-
lichem
Schweigen

In
Eisiger
Ruh

Wie
Herbst-
licher
Sturm
Sie
Gebeuget

Einer
Dem
Anderen
Zu

Starr
Ihre

Äste

Und
In
Luftiger
Höh
Über
Frostigem
Schnee
Schreit
Ein
Kauz

Ach
So
Weh

Wie
Den
Beiden
Zumut

Wohl
Wissend
Dass
Sie
Einander
Nicht
Finden

Nicht
In
Des

WINTERS
NÄCHTEN

NICHT
IN
DES
SOMMERS
SONNEN-
GLUT

Die Sehnsucht Brennt

Fühlst
Du
Wie
Die
Sehnsucht
Brennt

Tief
Im
Herz
Ein
Glühend
Verlangen
Ein
Ewiges
Bangen
Ein
Wohliges
Beben
Und
Zielloses
Streben

Ein
Brennender
Schmerz

SO
SEHNT
SICH
EWIG
DER
MENSCHEN
HERZ

Zauberwelt der Leidenschaft

Der
Welt
Entrückt
Durch
Das
Was
Gleicher-
Massen
Freud
Und
Leiden
Schafft
Selbst-
Vergessen
Immer
Wieder
Neu
Entzückt
Zauber-
Werk
Und
Zauber-
Welt
In
Tausend
Farben
Glühend
Schrill

Und
Sonnen-
Blumen-
Gelb
Lachend
Tanzend
Schwebend
Nach
Erfüllung
Lechzend
Und
Vor
Sehn-
Sucht
Bebend
Sonn-
Umflort
Und
Tränen-
Nass
Voller
Anspruch
Ohne
Mass
Knospen
Treibend
Hoffnung
Säend
Starke
Triebe
Gleicher-
Massen
Lieb´

Wie
Eigen-
Liebe
Raserei
Gar
Bar
Der
Vernunft
Vieler
Phantasien
Tochter
Mutter
Aller
Kraft

Das
Ist
In
Ihrer
Zauber-
Welt
Des
Menschen
Leiden-
Schaft

LIEB UND LEIDENSCHAFT

LEIDENSCHAFT
FLIEHT

UND
LIEBE
SOLLT
BLEIBEN

WELCHE
LIEB
DIE
SICH
NICHT
IN
LEIDENSCHAFT
VERZEHRTE

WELCHE
LEIDENSCHAFT
DIE
NICHT
LIEBEN
UND
GELIEBTWERDEN
BEGEHRTE

Leidenschaft Gnome und Giganten schafft

Leidenschaft
Ist
Jene
Kraft
Die
Aus
Dem
Zwerg
Den
Riesen
Und
Aus
Giganten
Gnome
Schafft

MANN UND FRAU

Frau oder Hund
Nicht ganz ernst
Gemeinter Vor-
Schlag

Mann
Bedenke
Wohl
Und
Überlege
Dir
Genau

Willst
Du
Für
Schwache
Stunden
Sag
Es
Unumwunden
Wirklich
Eine
Frau

Nimm
Doch
Lieber
´Nen
Wau-Wau

So
Ein
Hund
Gehört
Dir

Immer

Bei
'Ner
Frau
Gelingt
Dies
Nie
Und
Nimmer

Denn
Gehorsam
Ist
Den
Frauen
Fremd

Und
Ein
Hund
Der
Ist
Dir
Treu

Weisst
Du
Dies
Genau
Auch
Bei
Einer
Frau

Ausser-
Dem

Ein
Hund
Der
Weinet
Nicht

Fast
Gar
Niemals
Auch
Nur
Eine
Träne

Und
Ein
Hund
Hat
Nie
Migräne

GEHST
DU
MAL
AUF
REISEN
GIBST
DU
DEN
WAU-
WAU
OHNE
GROSS
RADAU
EINFACH
NUR
IN
PFLEGE

VERSUCH
DIES
MAL
MIT
DEINER
FRAU

DESHALB

MANN
BEDENKE
WOHL
ÜBERLEGE
DIR
GENAU

Willst
du
für
schwache
Stunden
sag
es
un-
umwunden
wirklich
eine
Frau

Nimm
doch
lieber
'nen
Wau-Wau

Denn
die
Fraun
sich
gerne
schmücken
gehen
oft
gar
wie
ein
Pfau

Hund´
Indes
Die
Gehen
Nackend

Versuch
Dies
Mal
Mit
Einer
Frau

Und
Macht
Dein
Hund —
Niemals
Nie
Und
Nimmer
Deine
Liebe
Frau —
Dann
Hin
Und
Wieder
Gar
Einen
Gross
Radau

DANN
FÄNGT
ER
EINE
DEIN
WAU-WAU

MACH
DIES
MAL
MIT
DEINER
FRAU

DRÜCKT
DEINEN
HUND
AUF
DER
STRASSE
WIEDER
MAL
DIE
HUNDE-
BLASE
SO
HEBT
ER
EINFACH
DANN
SEIN
BEINCHEN

Bei
Hunden
Nimmt
Man´s
Nicht
Genau

Versuch
Dies
Mal
Mit
Deiner
Frau
Die
Gleicher-
Massen
Drückt
Die
Blase
Mitten
Auf
Der
Viel
Begangnen
Strasse

Jedes
Jahr
Ein
Hund
Dir
Schenkt
Eine

Ganze
Schar
Junger
Wau-Wau

An
Der
Zahl
Bisweilen
Sechs
Oder
Sieben

Versuch
Dies
Mal
Bei
Deiner
Frau

Ohne
Sie
Zu
Lieben

Wohl-
Gemerkt

Sechs
Oder
Sieben

NICHT
MAL

SONDERN
HUNDE

AN
DER
ZAHL

DESHALB

MANN
BEDENKE
WOHL
UND
ÜBERLEGE
DIR
GENAU

WILLST
DU
FÜR
SCHWACHE
STUNDEN
SAG
ES
UN-
UMWUNDEN
WIRKLICH
EINE
FRAU

Denn
Diese
Ist
Alt
Sie
Dann
Und
Grau
Kannst
Nimmer
Du
Ver-
Kaufen

Diese
Deine
Frau

Indes

Sehr
Wohl
Kannst
Du
Verkaufen
Deinen
Wau-Wau

Sei
Alt
Er
Auch
Und

GRAU

WIE
EBEN
DEINE
FRAU

Das Lob der Frauen

Soll
man
lob-
gesängen
trauen
die
da
loben
schöne
frauen

Frauen
die
der
Dichter
die
der
Sänger
niemals
sah

Gleich-
wohl
lob-
preist
als
schön
wie

Einst-
mals
Helena

Die
wie
man be-
richtet
die
Schönste
ihrer
Zeit
wohl
war

Jeden-
falls

Ob
blond
ob
braun
schön
sind
alle
Fraun

Notabene

Nicht
nur
in

Kingston
Town

Und
so
jeden-
falls
Villon
am
schönsten
sind
die
Mädchen
von
Paris

Die
Krone
aller
Fraun

Ob
blond
nun
oder
braun

Und
wie
eben
alle
Fraun
nicht

Nur
Schön
An-
Zuschaun

Sondern
Wild
Auch
Und
Gleicher-
Massen
Mild

Manchmal
Zwar
Bitter

Aber
Immer
Süss

Allein

Wer´s
Glaubt

Kann
Nur
Ein
Mann
Sein

Der
Allein

Und
Träumt

Von
Einer
Frau

Wie
Sie
Sollt
Sein

Immer nur das Gleiche mit Mann und Frau

Zuerst
ich
sah
bei
Frauen
nur
das
Milde
Sanfte
Zarte
Weiche

Doch
dann
gar
manch
Ent-
täuschung
später
und
Frau
für
Frau
das
Gleiche

Ich
sah
bei
ihr
den
Teufel
nur

nicht
mehr
das
Sanfte
und
das
Weiche

Schliess-
lich
hab
ich
erkannt
dass
Fraun
wie
Männer
beides
sind

das
Harte
und
das
Weiche

Zwar
Gottes
Aber
Auch
Des
Teufels
Kind

Deshalb
Hart

Bisweilen

Manchmal
Gelegentlich
Auch
Mild

Nicht
Nur
Die
Einen

Indes

Vor
Hass
Wie
Liebe
Blind
Männer
Wie
Frauen

ALLZU
GESCHWIND
OFT
SEHEN
NUR
WAS
SIE
GERADE
SEHEN
WOLLEN

SEI
ES
DAS
HARTE

SEI
ES
DAS
SANFTE
UND
DAS
WEICHE

DESHALB
LEIDER
GOTTES
GILT

IMMER
NUR
DAS
GLEICHE

267

MIT MANN UND FRAU

„Was so ein Mann nicht
alles, alles denken
kann!"
oder
Weil der Mensch
nicht männlich
oder weiblich ist

„Du
lieber
Gott!
Was
so
ein
Mann
nicht
alles,
alles
denken
kann!"

Du
lieber
Gott
wie
eine
Frau
wie
sehr
wie

Lang
So
Eine
Frau
Gar
Lieben
Kann

Einen
Mann

Notabene

Oder
Eine
Frau

Auch
Das
Weiss
Ich
Genau

Deshalb

Was
Man
Männlich
Heisst
Und
Was
Man
Weiblich

Nennt
Gleich
Ob's
In
Hosen
Oder
Röcken
Rennt
Zusammen
Eine
Einheit
Ist

Und
Wenn
Das
Eine
Fehlt
Auch
Das
Andre
Man
Vermisst

Weil
Der
Mensch
Nicht
Männlich
Oder
Weiblich
Ist

NEIN
BEIDE
SEITEN
BRAUCHT
ES

IST
DOCH
KLAR
DASS
ES
SO
IST
SO
WAR

FRÜHER
UND
HEUTE

IMMERDAR

ERST
DANN
WENN
DAS
WAS
MÄNN-
LICH
UND
DAS
WAS
WEIB-

Lich
Man
Ge-
Nannt
In
Der
Tat
Zusammen-
Fand
Kann
Ent-
Stehen
Wird
Nicht
Ver-
Gehen
Was
Einen
Menschen
Man
Genannt

GEBURT
KINDHEIT
ALTER

Ein neues Leben

Es
kommt
von
einer
weiten
Reise

Aus
einem
un-
bekanntem
Land

Im
Irgendwo
von
Gott
der
Schöpfung
auf-
gegeben
entstand
ein
neues
Leben
das
seinen
Weg

Dann
Fand
In
Eben
Dieses
Karge
Land
Das
Man
Die
Welt
Genannt

In
Dieses
Jammertal
Wo
Viele
Menschen
Leiden
Überall
Zu
Allen
Zeiten
Gar
Un-
Ermesslich
Qual

Es
Schrie
Das
Neue

LEBEN

ALS
SEINE
MUTTER
ES
GEBAR

ALS
ES
WARD
AUS-
GESTOSSEN

UNGEFRAGT

DARUM
IHR
ELTERN
UND
IHR
MENSCHEN
DIE
KREUZEN
SEINEN
WEG

VERSTEHT
DASS
JEDES
NEUE
LEBEN
IST

Kostbar
Heilig
Gar

Wie
Jedes
Leben
Eben
Gar
Einzig-
Artig

Wie
Jedes
Leben
Schlecht-
Hin
Schlicht-
Weg
Gar
Wunder-
Bar

Deshalb

Erspart
Ihm
Allzu
Viel
Der
Sorgen

Ansonsten
Kaum
Das
Neue
Leben
Ward
Geboren
Erleidet
Seine
Seele
Einen
Baldig
Tod

Falls
Nämlich
Allzu
Gross
Die
Not
Dann
Existiert
Der
Leib
Zwar
Noch
Als
Hülle

Doch
Dieser
Hülle
Seele

IST
UND
BLEIBT
DANN
TOT

Geburtstags-Wünsche an einen neuen Erdenbürger

Licht
im
Dunkel
Geborgen-
heit
im
Chaos
Erkenntnis
in
Verwirrung
Liebe
Trotz
Hass
Freunde
unter
Feinden
Allzeit
Wärme
in
der
Kälte
des
Lebens
Schlicht-
weg
den

HIMMEL
AUF
ERDEN
WÜNSCHE
ICH
DIR
DER
DU
UNGEFRAGT
GEBOREN

AUF
DASS
DU
NICHT
VERZAGST

AM
SCHIER
UN-
ERTRÄGLICHEN

DAS
WIR
NENNEN
EINES
MENSCHEN
LEBEN

Geboren werden — Gnade oder Strafe

Wen
wundert
dass
Neugeborene
schreien
wenn
sie
dieses
Tollhaus
betreten
das
wir
unsere
Welt
nennen

Und
weinen
weil
sie
ihre
Geburt
nicht
nur
mit
dem
Tod

NEIN
VIEL
SCHLIMMER
NOCH
MIT
DEM
LEBEN
MIT
DEM
LEBEN-
MÜSSEN
BEZAHLEN

MÜSSEN

WO
DOCH
SCHON
ARISTOTELES
ERKANNTE
DASS
NICHT-
GEBOREN-
WERDEN
DAS
BESTE
SCHICKSAL
IST

UND
ZUDEM
VIELE
GEBOREN

WERDEN
OHNE
DASS
IHR
LEBEN
ÜBERHAUPT
STATT-
FINDET

Geburt – nur eine Möglichkeit nicht weniger nicht mehr

Es
ist
ein
Wunder

sagt
das
Gefühl

Es
ist
der
Welten
Lauf

sagt
der
Verstand

Es
ist
eine
Heraus-
forderung

Sagt
Die
Angst

Es
Ist
Eine
Möglich-
Keit

Sagt
Der
Mut

Die
Möglichkeit
Dass
Der
Mensch
Werde

Die
Möglichkeit
Dass
Der
Mensch
Mensch
Werde

Dass
Der
Mensch
Werden

DARF

DASS
EIN
MENSCH
MENSCH
WERDEN
DARF

UND
DASS
EIN
MENSCH
MENSCH
WERDEN
KANN

DASS
DER
MENSCH
WERDEN
UND
MENSCH
WERDEN
WIRD

WO
BISHER
DOCH
MILLIONEN
UND
ABER-
MILLIONEN

VON
MÖGLICHKEITEN
BEREITS
VERGEBEN
WURDEN

Ewiger Kreislauf

Geburt
schafft
menschliche
Existenz

Der
Mensch
selbst
entsteht
erst
im
Leben

Und
im
Tod
kehrt
er
zurück
zu
den
Ursprüngen
seines
Seins

So
Ist
Der
Mensch
Immer
Wieder
Neu
Zum
Leben
Wie
Zum
Sterben
Berufen

Im Strom der Zeit

Geboren
werden
viele

zu
leben
berufen
sind
nur
wenige

und
ist
auch
die
Geburt
ein
Geschenk
so
muss
doch
das
Leben
erst
verdient
werden

So
Also
Schwimmen
Wir
Im
Strom
Der
Zeit
Aus
Dem
Uns
Nur
Der
Tod
Be-
Freit

Phantasie eines Erwachsenen

Im
reich
der
phantasie
weit
weg
von
späteren
gewitter-
tagen
als
meine
kinder-
träum er-
schlagen
als
selten
noch
die
sonne
schien
und
längst
verwelkt
die
blüten-
träume

Die
Einst
Der
Kindheit
Und
Der
Jugend
Bäume
Als
Bunte
Pracht
Getragen
In
Diesem
Reich
Der
Kinder-
Phantasie
Möcht
Ich
Noch
Einmal
Leben
In
Diesem
Kindlich
Leben
Eben
In
Dem
Die
Stunde
Wird

Zum
Tag
Der
Tag
Gar
Wird
Zur
Ewigkeit
In
Dieser
Ach
So
Eignen
Welt
In
Der
Das
Kind
Ganz
Un-
Verzagt
Und
Von
Des
Daseins
Last
Noch
Nicht
Geplagt
Lebt
Still
Vergnügt
Und

Ohne
Sorgen
Und
Ohne
Gestern
Heute
Morgen
Ganz
Einfach
In
Den
Tag
Hinein

Mein
Gott
Wie
Könnt
Das
Herrlich
Sein

Weh dem der nicht in Kinderzeit geborgen

Weh
dem
der
nicht
in
Kinder-
zeit
ge-
borgen
wie
könnt
ertragen
all
die
Sorgen
des
weitern
Lebens
Tage
und
deren
Not
und
Schmach
und
all
des
Lebens

Ungemach
Wer
Schon
Als
Kind
Mit
Bangem
Zagen
Des
Lebens
Elend
Musste
Tragen
Und
Wer
Bereits
In
Frühen
Kinder-
Tagen
Mit
Seinem
Schicksal
Musste
Ringen
Wie
Also
Könnt
Dem
Mensch
Der
Schon
Ein

EINSAM
KIND
GEWESEN
DAS
SPÄTER
NIE
VON
SEINEM
FRÜHEN
LEID
GENESEN
WIE
KÖNNTE
EINEM
SOLCHEN
ARMEN
WESEN
DAS
LEBEN
SPÄTER
BRINGEN
EIN
SELBST-
BESTIMMTES
SELBST-
BEWUSSTES
SEIN

ALLEIN

GEBT
IHR
DEM

Kinde
Gleicher-
Massen
Nähe
Und
Weite
Schreitet
Ihr
Dann
Immer
Fest
An
Seiner
Seite
Lasset
Ihr
Nirgends
Nie
Und
Nimmer
Auch
Nur
Eines
Zweifels
Schimmer
Dass
Ihr
Es
Liebt
Ohn
Jeden
Vorbehalt

Seid
ihr
in
eurem
Herz
nicht
kalt
gegen-
über
dem
was
euer
eigen
Fleisch
und
Blut
dann
wird
aus
eurem
Kinde
werden
ein
Mensch
der
eure
Liebe
lohnt
mit
seinem
Mut
aufrecht
zu

Sein
in
seinem
Wesen
an
dem
dann
auch
genesen
die
Wunden
die
das
Leben
später
schlägt
so
dass
er
un-
verzagt
die
Last
erträgt
die
man
schlicht-
weg
das
Leben
nennt
und
dessen

FREUD
WIE
LEID
EIN
JEDER
KENNT
DES
NOT
INDES
SO
MANCHEN
BEUGT
WEIL
DIE
DIE
IHN
GEZEUGT
DANACH
ZUR
WELT
GEBRACHT
GLEICH-
WOHL
ZU
KEINER
ZEIT
BEDACHT
DASS
IHRE
LIEB
ES
IST

304

DIE
DANN
IHR
KIND
ZU
EINEM
MENSCHEN
MACHT

Das schönste Geschenk für jeden Menschen ist eine unbeschwerte Kindheit

Kein
Lebens-
alter
wurzelt
tiefer
im
Menschen
als
seine
Kindheit

Sie
kennt
weder
Ver-
gangenheit
noch
Zukunft
sondern
nur
eine
erfüllende
Gegenwart

Alles
erscheint
selbst-

VERSTÄNDLICH

NICHTS
MUSS
IN
FRAGE
GESTELLT
WERDEN

INSOFERN
ÄHNELT
DIE
KINDHEIT
DEM
PARADIES

DESHALB
SOLLTE
SICH
JEDER
SEINE
KINDLICHKEIT
BEWAHREN

DENN
IN
IHRER
BEDENKEN-
LOSEN
LEICHTIGKEIT
IST
SIE
WEITAB

Vom
Übermut
der
Jugend
von
der
Ver-
messenheit
des
Er-
wachsenen
und
der
wehmütigen
Trauer
des
Alters

Doch
gilt
auch
zu
bedenken

Vertrauen
Mut
und
Zuversicht
positive
Einstellung
zum
Leben
und

DIE
FREUDE
AN
DIESEM
SIND
SOFERN
SIE
IN
DER
KINDHEIT
ZERSTÖRT
WURDEN
KAUM
WIEDER-
ZUGEWINNEN

DIE
MEISTEN
MENSCHEN
WERDEN
IN
IHREM
MENSCH-
SEIN
UND
IN
IHRER
MENSCHLICH-
KEIT
SCHON
ALS
KIND
ZERSTÖRT

DESHALB
GESELLSCHAFT
HÜTE
UND
UMSORGE
DEINE
KINDER

SIE
SIND
DEIN
HÖCHSTES
GUT

UND
SCHMACH
UND
SCHANDE
ÜBER
DIE
WELCHE
SCHON
IHRE
KINDER
BIEGEN
BEUGEN
UND
BRECHEN

Alter

Der
Rücken
Schmerzt
Das
Rheuma
Plagt
Und
Ohne
Schnaufen
Der
Alte
Nur
Noch
Wenig
Schritt
Kann
Laufen

Statt-
Dessen
Seine
Nase
Läuft

Gar
Munter

Und
Auch
Die

AUGEN
TRÄNEN

JEDENFALLS
MITUNTER

OFT
KANN
ER
NUR
NOCH
SEINE
GLATZE
RAUFEN

SCHON
LANGE
TRÄGT
ER
EINE
BRILLE

UND
SEI
SEIN
WILLE
NOCH
SO
GROSS
IST
DANN
IRGEND-
WANN

Auch
beim ...
nichts
mehr
los

Notabene

Trotz
Viagra

Dick
ist
der
Bauch

Die
Bein
sind
dünn

Was
er
errang
an
Wissen
was
dies-
bezüglich
sein
Gewinn
was
ihm

Erkenntnis eines langen Lebens vergisst der Alte

schnell

und schneller

gleichwohl er die Erinnrung sucht

immer öfter

in der Tat

doch immer öfter auch vergebens

So
breitet
dann
das
Alter
den
Mantel
des
Vergessens
aus

Und
hüllt
des
Lebens
Ende
oft
in
ein
tiefes
Schweigen

Ob
dies
ist
Gnade
oder
Qual
wir
werden
erst
erfahren

WENN
VOR
DEM
TODE
DANN
WIR
MIT-
EINANDER
ALL
DIE
ALTEN
HÄUPTER
NEIGEN

„Ein alter Mann ist stets ein König Lear!"

Ist
Stets
Ein
Narr
Der
Alte

Nur
Weil
Zum
Narr
Den
Greisen
Dichter
Seine
Buhlschaft
Machte

Und
Wie
Ein
Alter
Gockel
Stolz
Der
Nicht
Bedachte

Dass
Erst
Der
Alte
Lear —
Von
Irrem
Wahn
Und
Masslos
Stolz
Genesen
Als
Bedlam
Als
Ein
Armes
Nacktes
Wesen
Er
Erkannt —
Dass
Also
Erst
Der
Alte
Lear
Dann
Seinen
Weg
Zu
Menschlich
Mass

UND
MENSCH-
SEIN
FAND

Die Sanduhr rinnt

Die
Sanduhr
Rinnt

Die
Zeit
Vergeht

Und
Über
Dunklen
Wipfeln
Weht
Ein
Kühler
Wind

Der
Herbst
Des
Lebens

Den
Alter
Man
Genannt

NUN
SIND
VERBANNT
DER
JUGEND
FREUDEN
AUS
DES
ALTEN
MENSCHEN
LEBEN

DER
WIE
ER
MEINT
DOCH
NOCH
GERADE
EBEN
DER
KINDHEIT
TRÄUME
HAT
GE-
SPONNEN

DER
IN
DER
JUGEND
VIEL
GEDACHT

DER
GERN
GELACHT
UND
AUCH
GELIEBT

DEM
SPÄTER
SEINE
TRÄUM
ZER-
RONNEN

ALS
EHR
UND
WOHL-
STAND
ER
GEWONNEN

WEIL´S
DIE
NUR
OHNE
TRÄUME
GIBT

NUN
NAHT
DER
TOD

Und
An
Des
Alten
Menschen
Seele
Gar
Mancher
Zweifel
Nagt

Weil
Angesichts
Der
Endlichkeit
Des
Lebens
Der
Alte
Immer
Öfter
Fragt
Ob
Sinn
Gemacht
Ob
Gut
Bedacht
War
Wohl
Sein
Streben
In

Eben
Diesem
Seinem
Leben
Das
Langsam
Nun
Gen
Ende
Geht

Indes

Zu
Spät
Jetzt
Seine
Reue
Dass
Oft
Er
Nicht
Gelebt
Und
Ins-
Besondre
Nicht
Sein
Eignes
Leben

Dass
Meist

Es
Waren
Andre
Eben
Die
Ihn
Bestimmt
Die
Ihm
Gesagt
Was
Falsch
Was
Richtig
Für
Ihn
Sei

Einerlei

Jetzt
Kann
Der
Alte
Nur
Noch
Hoffen
Dass
Gleich
Was
Er
Getan

Was
er
ver-
brochen
mit
seiner
armen
kleinen
Seele
der
Tod
nun
gleich-
wohl
gnädig
sei

Alte Weise Narren

Wenn
Wir
Alt
Werden
Werden
Wir
Wieder
Ein
Wenig
Wie
Kinder

Wenn
Wir
Alt
Werden
Werden
Wir
Ein
Wenig
Wie
Narren

Wenn
Wir
Alten
Werden

HABEN
WIR
IN
DER
TAT
DIE
MÖGLICH-
KEIT
EIN
WENIG
WEISE
ZU
WERDEN

MENSCH UND LEBEN

Angst

Die
Brust
Ist
Eng

Der
Atem
Schwer

Und
Leer
Der
Kopf
In
Dem
Gedanken
Schwanken
Und
Wanken
Wie
Welke
Blätter
Im
Wind

Mein
Schrei
Nach
Hilfe
Stumm

Und
Was
Um
Mich
Herum
In
Nebel
Grau
Ver-
Schwimmt

Die
Glieder
Taub
Das
Herz
So
Schwer
Nichts
Als
Panik
In
Mir
Um
Mich
Her

Seht
Meine
Angst
Nicht
Gott-
Gewollt

Vielmehr
Der
Menschen
Hass
Und
Gier
Und
Neid
Gezollt

Es sind doch nur Chimären

Die
Angst
hat
tausend
Gründe

Die
Angst
kennt
tausend
Gesichter

Sie
lässt
dich
bangen
hält
dich
gefangen

Spinnt
ihre
Netze

Dichter
und
dichter

Sie
schnürt
dir
die
Kehle

Erdrückt
deine
Seele

Nimmt
dir
den
Atem

Lähmt
deine
Glieder

Wieder
und
wieder

Und
wieder

Sie
raubt
deinen
Schlaf
schickt
Alpe
dir

Nächtens
Und
Panik
Am
Tag

Sie
Verwirrt
Die
Gedanken
Die
Nur
Noch
Sich
Ranken
Um
Das
Was
Könnte
Sein

Allein

Immer
Wird
Die
Angst
Sich
Götzen
Schaffen

Macht
Zu

AFFEN
DIE
NICHT
TRENNEN
SEIN
UND
SCHEIN

UND
DER
SCHEIN
ALLEIN
LÄSST
DICH
ZITTERN
VOR
DEN
TRUG-
GESPENSTERN
IN
DEN
FENSTERN
DES
HAUSES
DAS
WIR
UNSER
LEBEN
NENNEN

DESHALB
SOLLTEST
DU

ERKENNEN

ES
SIND
DOCH
NUR
CHIMÄREN
DIE
UNS
WEHREN
DEN
ZUGANG
ZU
EINEM
FREIEN
SELBST-
BESTIMMTEN
SEIN

FREI
VON
ANGST

OHN
DEREN
NOT

DAZU
VERHILFT
KEIN
GOTT

Das
Schaffst
Nur
Du

Nur
Du
Allein

Vorwärts
Es sei gewagt

Vorwärts
Unverzagt

Auch
Wenn
Erinnrung
Plagt

Auch
Wenn
Die
Zukunft
Droht

Mit
Kleiner
Und
Mit
Grosser
Not

Wohlan
Es
Sei
Gewagt

Das
Leben

STEHT
NOCH
OFFEN
SO
VIELES
KANN
ICH
HOFFEN

UND
WERD
ICH
NIE
ERRINGEN
WONACH
MEIN
HERZ
GESTREBT
SO
KANN
ICH
DOCH
BEHAUPTEN

SEHT
HER
ICH
HAB
GELEBT

Ein Mensch
Der lebt und strebt

Wer
Nie
Gelitten
Wer
Nie
Gestritten
Wer
Nie
Gekämpft
Wer
Nie
Gefehlt
Wer
Nie
Geweint
Und
Nie
Gelacht
Wer
Nie
Gezweifelt
Wer
Immer
Wohl
Bedacht
Justament
Das
Was

VERLANGT
VON
IHM
GEMACHT

IST
DAS
EIN
MENSCH

EIN
MENSCH
DER
HOFFT
UND
STREBT
UND
LEBT

Ecce Homo

Empfangen
Und
Geboren

Genähret
Und
Erzogen

Aufbegehrend
Widerstrebend

Sich
Bald
Beugend

Dann
Begehrend
Eitel
Tand
Den
Er
Fand
Und
Der —
So
Man
Ihn
Be-
Lehrend —

Das
Wichtigste
Im
Leben
Sei

Alles
Andere
Sei
Einerlei

Vielleicht
Geachtet
Gar
Geehrt
Glaubt
Und
Zweifelt
Er
Der
Mensch
Noch
Eine
Weile

Dann
Aber
Lehrt
Er
Das
Was
Ihm
Selbst

EINST
BEI-
GEBRACHT
NUN
SEINEN
KINDERN

UNBEDACHT

ZERSTÖRT
MIT
WAFFEN
WAS
ZUVOR
ER
SELBST
GESCHAFFEN

IN
ALL
DEN
KRIEGEN
IN
DIE
ER
ZIEHT

MEIST
DESHALB
WEIL
MAN´S
IHM
BEFIEHLT

Dann
Lebt
Er
Seinen
Alltag

Jahr
Für
Jahr

Das
Sei
Des
Lebens
Zyklus

Fortwährend

Ewig

Nach
Ehernem
Gesetz
Und
Immerdar

So
Lehren
Ihn
Die
Laffen
Die
Herrschen

Dumm
Und
Dreist
Und
Unverschämt
Und
Gleichermassen
Unverbrämt

Das
Also
Soll
Das
Leben
Sein

Derartig
Fremdbestimmt

So
Unbedeutend

So
Erbärmlich

So
Klein

Ach
So
Unendlich
Klein

NEIN
SAG
ICH
DIR

UND
NOCHMALS
NEIN

ECCE
HOMINE

WERDE
MENETEKEL

GLEICH
DEM
FEUER
GLÜHE
UND
VERZEHRE
DICH

DENN
FLAMME
SOLLST
DU
WERDEN

NUR
SO
KANNST
MENSCH

Du
Sein

Ohne
Zweifel

Sicherlich

Doch
Das
Bestimmest
Du

Nur
Du

Und
Du
Allein

Denn
Für
Dein
Leben
Bist
Nur
Du
Verantwort-
Lich

Deshalb
Entscheide
Dich

WILLST
MENSCH
DU
WERDEN

ODER
WEITERHIN
MARIONETTE
SEIN

Kind der Sterne

Von
einem
Stern
gekommen

Auf
der
Erde
eher
gestrandet
als
gelandet

Obwohl
Phantast
und
Träumer
Mensch
unter
Menschen

Ebenso
in
der
Verdammnis
wie
im
Selbst

GEWÄHLTEN
EXIL
LEBEND

ERDACHT
VON
PHILOSOPHEN

GESCHAFFEN
VON
LITERATEN

FLEISCH
GEWORDEN
DURCH
DIE
LIEBE

WEILT
ER
NUN
UNTER
UNS

VERBORGEN
UNERKANNT
MISSACHTET

ES
GIBT
NUR
EINE
ZUKUNFT

Für
Ihn

Zurück
Zu
Den
Sternen

Gefangen im Leben

Unter
feucht-
klammen
Brücken
faulendes
Fleisch
und
schwärender
Grind

Auch
das
ist
eines
Menschen
Zeit

Gefangen
im
Leben

Nicht
zu
sterben
bereit

Aus
Menschen

Gekrochen

Schreiend
Und
Blut-
Verschmiert

Binsenweis
Durch
Die
Jugend
Gestiegen

Mit
Gespreizten
Beinen
Der
Dinge
Harrend
In
Kommender
Zeit

Gefangen
Im
Leben

Nicht
Zu
Sterben
Bereit

Von
der
Zukunft
träumend
einen
gar
irren
Traum

Das
Leben
möge
sich
beugen

Auf
dass
sie
könnten
Eden
schaun

Gefangen
im
Leben

Nicht
zu
sterben
bereit

In
Stahl-

GEWITTERN
IN
DEN
WAHNSINN
GETRIEBEN

ZUM
IRRSINN
GESTÄHLT

HERZEN
GEBROCHEN

TRÄUME
ZU
SCHANDEN

UNSCHULD
VERLOREN

GESTERN
HEUTE
UND
MORGEN

UND
ZU
ALLER
MENSCHEN
ZEIT

GEFANGEN
IM

LEBEN

NICHT
ZU
STERBEN
BEREIT

DAS
PARADIES
VERLOREN

AUF
KEINEN
HIMMEL
MEHR
HOFFEND
NACH
SOLCHER
LEBENSZEIT

GEFANGEN
IM
LEBEN

NICHT
ZU
STERBEN
BEREIT

UNTER
FEUCHT-
KLAMMEN
BRÜCKEN

FAULENDES
FLEISCH
UND
SCHWÄRENDER
GRIND

UNTER
DEN
STIEFELN
AUS-
ERWÄHLTER

OB
DAS
NOCH
MENSCHEN
SIND

Perspektiven

In
der
Ruine
die
wir
Seele
nennen
die
Schrecken
der
ver-
gangenheit
die
Angst
vor
der
Gegenwart
und
keine
Hoffnung
auf
die
Zukunft

Und
auf
diesen
Trümmern

360

WOLLEN
WIR
LEBEN

„Aufruf an alle Deutschen!" Heute oder „Armut studiert, Reichtum jubiliert."

Ich
sah
die
Hoffnungs-
frohen
Gesichter
all
der
Studenten
denen
ich
begegnete
als
ich
über
den
Professor-
Huber-
Platz
ging

Sie
lebten
noch
in

DER
ILLUSION
WENN
SIE
„WAS
RECHTES"
LERNTEN
WERDE
IHNEN
DAS
LEBEN
AUCH
DAS
RECHTE
BRINGEN

MIR
WARD
SO
WEH
UMS
HERZ
ALS
ICH
AN
MEINE
FRAU
DACHTE
DIE
DER
STAAT
UND
SEINE

Akademischen
Helfers-
helfer
für
die
Interessen
der
Pluto-
kraten
ermordet
haben

In
Deutschland

Im
21.
Jahrhundert

Ungleich
Bestialischer
Als
Die
Geschwister
Scholl

Wann
Würde
Man
Ihr
Ein
Denkmal
Setzen

AUF
DASS
VERNUNFT
UND
MENSCH-
LICHKEIT
OBSIEGEN

INDES

DIE
HOFFNUNG
STIRBT
BEKANNTLICH
ZULETZT

Nicht Gelebt

Geboren
Und
Schon
Verloren

Gelernt
So
Manches
Was
Nicht
Ausgegoren

Begehrt
Und
Gleich
Betrogen

Dennoch
Geblieben

Ohne
Zu
Lieben

Gehofft
Gebangt
Enttäuscht
Gewankt

Doch
Nicht
Gefallen

Gleich
Um
Welchen
Preis

So
Also
Sei´s

Dass
Du
Gelebt

Ohne
Zu
Sein

Dass
Du
Gestorben

Unter
Pein

Denn
Weil
Du
Nicht
Gelebt

GELIEBT
AUCH
DER
TOD
DIR
NICHT
ERLÖSUNG
GIBT

Der Mensch Nur ein Vielleicht

Der
Mensch

Ein
Traum
Was
Könnte
Sein
Was
Möglich
Wär

Nur
Ein
Vielleicht

Nicht
Weniger

Nicht
Mehr

Vielleicht
Liebend

Vielleicht
Hassend

Vielleicht
Geizend

Vielleicht
Prassend
Mit
Dem
Was
Ihm
Gegeben
Die
Natur

Vielleicht
Ein
Gott

Vielleicht
Der
Leibhaftige
In
Person

Vielleicht

Vielleicht

Wer
Weiss
Das
Schon

Vielleicht
Der
Schöpfung
Ziel

Vielleicht
Ihr
Untergang

Vielleicht
Ewig

Unvergänglich

Vielleicht
Nur
Kurze
Laune
Der
Natur

Vielleicht
Nur
Schöpfers
Spott

Vielleicht
Der
Schöpfung
Kron

Vielleicht

Vielleicht

Wer
Weiss
Das
Schon

Einerlei

Jeder
Mensch
Wie
Er
Auch
Sei
Ist
Einzigartig
Wunderbar
Unvergleichlich

Immerdar

Ein
Teil
Des
Göttlichen
Das
Ihn
Schuf

Nicht
Zu
Eigenem

BEHUF

VIELMEHR
ZU
ZEIGEN
WAS
DENN
MÖGLICH
SEI

DER
TRAUM
VON
EINEM
MENSCHEN

EIN
TRAUM
WAS
KÖNNTE
SEIN
WAS
MÖGLICH
WÄR

NUR
EIN
VIELLEICHT

NICHT
WENIGER
NICHT
MEHR

Mensch Werden

Aller
Menschen
Tränen
Wein
Ich

Spüre
Aller
Menschen
Lieb
Und
Hass

Aller
Menschen
Träume
Träum
Ich

Voll
Begehren

Ohne
Mass

Aller
Menschen
Sehnsucht
Teil

Ich

Aller
Menschen
Hoffen
Eint
Mich

Mit
Dem
Leben

Mit
Des
Lebens
Streben

Mit
Des
Universums
Sonn
Und
Monden

Mit
Des
Schöpfers
Ach
So
Wundersamer
Welt

Aller
Menschen
Leid
Empfind
Ich

Spüre
Ihre
Einsamkeit

Mitten
Unter
Andern
Menschen

Doch
Allein
In
Ihrer
Zeit

Aller
Menschen
Glut
Verbrennt
Mich

Der
Menschen
Kälte
Mich
Verwirrt

Glut
und
Frost
mir
Narben
brennen

Ach

Wie
fühl
ich
mich
verirrt

Mit
allen
Menschen
möcht
ich
denken
fühlen

Und
hoffe
dass
dereinst
ich
sagen
kann

Seht

Unter
All
Den
Vielen
Menschen

Ward
Einer
Mensch

Nun
Denn
Wohlan

Fast schon das Paradies

Nur
für
einen
Augenblick
möchte
ich
mich
mit
meiner
Vergangenheit
versöhnen

Nur
für
einen
Augenblick
möchte
ich
mich
auf
meine
Zukunft
freuen

Nur
für
einen
Augenblick

MÖCHTE
ICH
VERGESSEN

NUR
FÜR
EINEN
AUGENBLICK
MÖCHTE
ICH
OHNE
ANGST
SEIN

NUR
FÜR
EINEN
AUGENBLICK
MÖCHTE
ICH
LIEBEN
UND
GELIEBT
WERDEN

NUR
FÜR
EINEN
AUGENBLICK
MÖCHTE
ICH
LEBEN

380

DAS
WÄRE
FAST
SCHON
DAS
PARADIES

Proles Sum

Nie
Hab
Ich
Geld
In
Der
Tasche

Leb
Von
Der
Hand
In
Den
Mund

Ab
Und
Zu
Greif
Ich
Zur
Flasche

Sauf
Mich
Dann
Kugel-

Rund

Hab
Weder
Haus
Noch
Grund

Bin
Gleich
Millionen
Die
Nach
Wie
Vor
Fronen

Bin
Einer
Von
Vielen
Die
Dazu
Dienen
Andrer
Reichtum
Zu
Mehren

Nie
Zu
Begehren
Was

Sie
geschaffen
für
diese
Laffen

Die
sie
benutzen
dem
Vieh
gleich
im
Stall

Als
Human
Resources

Der
Blitz
treff
sie
all

High Society

Tanten
Mit
Brillanten
Alte
Säcke
In
Fräcken
Saufen
Champagner
Fressen
Die
Schnecken
Grosses
Tamtam

Ja
Wer
Kann
Der
Kann

Nutten
Spotten

Nur
Ran

Nur
Ran

AUF
IHR
KOKOTTEN
WER
WILL
DER
KANN

HEUT
WIRD
GEFEIERT

AUCH
WENN
MILLIONEN
VOR
HUNGER
VERRECKEN
WIRD
UNS
NICHT
SCHRECKEN
UNSER
TAMTAM

WER
KANN
DER
KANN

NUR
RAN

Nur
ran

In
der
Gosse
liegen
besoffen
die
Penner
im
Dreck

Die
Lichter
der
Großstadt
funkeln
unverhohlen
im
Dunkeln

„Breit
und
ungeheuer
fett"

Sie
kotzen
Gekröse
mit
großem
Getöse

Die
Nutten
Frieren
Gleich
Hungrigen
Tieren

Auch
Sie
Wollen
Endlich
Sich
Amüsieren

Schon
Lange
Die
Revolution
Ist
Tot

Auch
Wenn
All
Überall
Grösser
Und
Grösser
Die
Not

Doch
Täuscht

EUCH
NICHT
IHR
ALTEN
SÄCKE

TÄUSCHT
EUCH
NICHT
IHR
TANTEN
MIT
EUREN
BRILLANTEN

WIE
DER
HUND
NACH
DEM
HERRCHEN
SCHNAPPT
DAS
IHN
IMMER
UND
IMMER
TRITT
SO
WERDEN
AUCH
DIE
SICH

Erheben
Denen
Ihr
Nichts
Gegeben
Ausser
Kummer
Und
Not

Und
Sie
Schlagen
Euch
Tot

Euch
Alten
Säcke
In
Euren
Fräcken

Euch
Tanten
Mit
Euren
Brillanten

Ja
Wer
Kann

DER
KANN

IMMER
NUR
RAN

NUR
RAN

Wozu Wissenschaft dient

Das
ist
das
Lied
das
ich
euch
sing
weil
das
Establish-
ment
mich
hängen
will

Seid
still

Seid
still

Ihr
Gelehrten

Ihr
Professoren

IHR
DOKTOREN

IHR
MAGISTER

UND
IHR
BACHELOR
GAR

ALL
MITEINANDER
ACH
SO
KLUG
WIE
EINST
DER
DUMME
WAGNER
WAR

IHR
DIENT
EUCH
AN
FÜR
GUT
UND
GELD

GLEICH
WELCHER
MENSCH
DABEI
ZERBRICHT

AUCH
WENN
DIE
WELT
IN
SCHERBEN
FÄLLT

EUCH
ERBARMT
DIES
NIE
UND
NIMMER
NICHT

DEM
VOLKE
DUMM
UND
UN-
BESCHWERT
ERZÄHLT
IHR
WAS
ES
OHNEHIN

Zu
Wissen
Wähnt

Seid
Treue
Diener
Eurer
Herrn
Die
Bestimmen
Wie
Der
Welten
Lauf

Und
Kriecht
Zuhauf
Zu
Kreuze
Denen
Die
Verdienen
Mit
Dummheit
Anderer
Ihr
Geld

Auch
Wenn
Die

WELT
DADURCH
ZUGRUNDE
GEHT
IN
SCHERBEN
FÄLLT

UND
MANCHER
MENSCH
VERLIERT
SEIN
LEBEN

WEIL
IHR
DIE
LÜGE
IHM
VERKAUFT
ALS
DER
WEISHEIT
LETZTEN
SCHLUSS

WEIL
EBEN
SEI
WAS
DENN
SEIN

Muss

Für
Gut
Und
Geld

Gleich
Welcher
Mensch
Dabei
Zerbricht

Auch
Wenn
Die
Welt
In
Scherben
Fällt

Euch
Ihr
Büttel
Erbarmt
Dies
Nicht

So
Also
Lebt
Mit
All

DEN
LÜGEN
DIE
WISSEN-
SCHAFT
IHR
HABT
GENANNT

UND
DIE
ALS
PFAND
EUCH
DIENTE
UM
ZU
ERLANGEN
WAS
EUCH
SEIT
JE
VERBAND
MIT
EUREN
HERRN

GUT
UND
GELD

UND
WENN

DIE
WELT
IN
SCHERBEN
FÄLLT

Warum ich schreibe

Mit
jedem
Wort
mit
jedem
Satz
mit
jedem
Punkt
und
jedem
Strich
gehe
ich
Erkenntnis
und
Wahrheit
ein
Stück
entgegen

Bisweilen
ängstlich
zwar
meist
aber
recht
verwegen

Und
Selten
In
Der
Tat
Verlegen

Um
Ein
Paar
Worte

Nur

Und
Doch
Um
Vieles
Mehr

Als Gott der Herr Hernieder kam oder Wie der Mensch Sterblich wurde

Als
Gott
der
Herr
Her-
nieder
kam
da
freuten
alle
Kreaturen
sich

der
Herrgott
sollte
segnen
sie

und
alle
Wesen
gross
wie
klein

All
mit-
einander
und
ein
jeder
auch
für
sich
allein
die
wünschten
sich
nichts
sehnlicher
als
dass
sie
segnet
Gott
der
Herr

Allein
der
Mensch
geriet
in
Panik

Und
fürchtete
ob

SEINER
SÜNDEN
DASS
DER
DEN
EINST
ANS
KREUZ
ER
WÜRDE
NAGELN
IHN
STRAFEN
KÖNNT
MIT
EIGNER
HAND

ALS
DIESER
SEINEN
WEG
ZUR
ERD
HER-
NIEDER
NUN
ENDLICH
SUCHTE
UND
AUCH
FAND

So
Mied
Der
Mensch
Den
Lieben
Gott

Als
Ob's
Der
Teufel
Wär

Deshalb
Fortan
Auf
Allen
Wegen
Ihm
Fehlte
Dann
Des
Herrgotts
Segen

Und
Statt
Zum
Paradies
Die
Erde
Ward

Ihm
Zum
Verlies
Jeglicher
Kreatur
Zu
Kümmernis
Und
Not
Die
Fürderhin
Der
Mensch
Allein
Konnt
Über-
Winden
Durch
Seinen
Eignen
Tod

KOKARDE BLAU-WEISS-ROT ODER WIR WOLLEN DOCH DASSELBE

WAS
WILL
DIE
ANARCHIE

KEIN
HERR
SOLL
MEHR
BEFEHLEN
KEIN
KNECHT
IST
NOCH
ZU
QUÄLEN

NOTA
BENE

SO
ES
DENN
NOCH
KNECHTE
GIBT

Was
Will
Die
Revolution

Dass
Alle
Sich
Können
Fressen
Satt

Nota
Bene

Gleich
Ob
In
Jesus´
Oder
Auch
In
Allahs
Namen

Und
Sich
Nicht
Mit
Leerem
Magen
Für
Der

HERREN
WÄNSTE
MÜSSEN
SCHLAGEN

WAS
WOLLEN
FRIEDFERTIGE
CHRISTEN
WIE
EBENSOLCHE
ISLAMISTEN

DASS
KEINER
MEHR
DIENE
ALS
SOLDAT

FRIEDEN
SCHLICHTWEG
WOLLEN
WIR

NOTA
BENE

UND
WENN
ES
DEIN
SEIN

Muss
Die
Kugel
Für
Den
Offizier

Leben
Wollen
Wir

Wie
Ein
Mensch
Nicht
Wie
Ein
Tier

Was
Wollen
Anarchie
Und
Revolution

Was
Wollen
Die
Fried-
Liebenden
Unter
Den
Christen

Und
die
Fried-
fertigen
unter
den
Islamisten

Keine
Herrschaft

und
möglichst
wenig
Staat

Nota
Bene

Keine
Macht
für
Niemand

Nach
alter
Anarchisten
und
Autonomen
Art

Eigentum
Für
Alle

Doch
In
Keinem
Falle
Den
Einen
Alles
Den
Andern
Nichts

Der
Himmel
Auf
Erden
Der
Soll
Uns
Werden

Und
Das
Kann
Geschehen
Wenn
Wir
Alle —

Die Anarchisten Die Christen Und Die Islamisten – In Treue Fest Zusammen- Stehen

Armenbegräbnis oder wieviel wert ist der Mensch

Das
also
ist
von
dir
geblieben
der
du
gelebt
geliebt
gehofft
gebangt

weil
alle
die
einst
waren
deine
Lieben
sind
gestorben
haben
sich
von
dir

Gewandt
Gibt
Es
Nun
Hienieden
Niemand
Der
Noch
Den
Weg
Zu
Deinem
Grabe
Fand

Sozial-
Bestattung
Heisst
Wie
Man
Dich
Nun
Verscharrt

Damit
Du
Voll
Des
Dankes
Weisst
Welch
Staatlich
Wohlfahrt

Deiner
noch
nach
dem
Tode
harrt

Früher
wurd
in
geliehnem
Sarg
im
Papp-
karton
be-
graben

Heut
welch
ein
Fortschritt
sollst
du
'ne
richtge
Urne
haben

Der
Totengräber
trägt
sie

Unwillig
Schlecht
Bezahlt

Schnell
Die
Urne
Senkt
Sich
Ins
Kleine
Urnengrab

Das
War´s

Nichts
Von
Dir
Geblieben

Ein
Bisschen
Asche
Nur

Der
Rest
Von
Dem
Was
Einst
Der

Liebe
Gott
Dir
Gab

Dein
Leben

Deine
Hoffnung

Deinen
Mut

Welch
Gewaltig
Gut

Von
Dem
Nichts
Blieb

Nur
Dies
Erbärmlich
Kleine
Grab

MITGEFÜHL

EMPATHIE

BARMHERZIGKEIT

Ein bisschen Weniger Ein bisschen Mehr

Ein
Bisschen
Mehr
An
Liebe

Ein
Bisschen
Weniger
Der
Hiebe

Für
Unsre
Kinder

Damit
Nicht
Bliebe
Auch
Deren
Seele
Deren
Geist
Das
Was

Man
Den
Menschen
Heisst
Ob
Eben
Dieser
Hiebe
Statt
Grenzen-
Loser
Liebe
Auf
Lebens-
Zeit
Verwaist

Weil
Selbst
Schon
Waren
Tot

Die
Ihnen
Gaben
Diese
Hiebe

Statt
Ihrer
Elter-
Lichen

Liebe

Ein
Bisschen
Mehr
An
Frieden
Ein
Bisschen
Mehr
An
Güte
Den
Menschen
Sei
Be-
Schieden

Ein
Bisschen
Weniger
An
Hass
Und
Neid

Ach
Ihr
Menschen
Seid
Gescheit

Mit

Ein
bisschen
weniger
an
Neid
und
ein
bisschen
mehr
an
Freud
an
dem
wunder-
baren
Leben
das
der
liebe
Gott
gegeben
würdet
Leben
ihr
nahezu
im
Paradies

statt
in
diesem
fürchter-
lich

Verlies
das
die
meisten
Menschen
kennen
und
ihr
eignes
Leben
nennen

ein
bisschen
weniger
an
Hast

ein
bisschen
mehr
an
Ruh

so
könntest
würdest
du
dich
auf
das
Be-
sinnen

WAS
WICHTIG
DIR
IM
LEBEN
WAS
DU
LIESST
ZER-
RINNEN
IN
DEM
RASTLOS
STREBEN
DAS
BESTIMMT
DEIN
LEBEN
WAS
KAM
ZU
KURZ
WEIL
DU
NIE
BEREIT
ENDLICH
ZU
ERKENNEN
DASS
NUR
BEGRENZT
DEINES

Lebens
zeit

Ein
bisschen
mehr
an
Mut
wo
man
Unrecht
tut
Wider-
stand
zu
leisten

Überall
auf
dieser
Welt

Das
tät
dir
wahr-
lich
gut

Das
gäb
dir
auch

Die
Kraft
Ein
Bisschen
Mehr
Zu
Streben
Nach
Einem
Selbst-
Bestimmten
Leben
Das
Die
Möglich-
Keit
Dir
Schafft
Menschen
Zu
Werden

Hier
Auf
Erden

Nur
Durch
Ein
Bisschen
Weniger
Ein
Bisschen

427

MEHR

INDES

VON
BEIDEM
NICHT
ZU
SEHR

Seins-Verständnis nicht nur Wortspielerei

Ich
möchte
ich
sein

Damit
ich
in
diesem
Ich-Sein
dich
sein
und
dich
dich
sein
lasse

Und
wir
im
Wir-Sein
in
unserem
Hier-Sein
nicht
mehr

Allein
Sein
Müssen

Vielmehr
Zusammen
Eins
Sein
Können

Mit
Dem
Das
Wir
Nennen
Das
Sein
Und
Das
Seiende
Auf
Dieser
Welt

Kein Weg
So weit

Kein
Weg
Auf
Die
Gipfel
Der
Berge
Durch
Die
Wüsten
Der
Erde
Zu
Den
Sternen
Gar
Ist
So
Weit
Und
So
Be-
Schwer-
Lich
Wie
Der
Von
Mensch

Zu
Mensch

Wenn
Menschen
Sind
Allein
Wenn
Sie
Wollen
Sein
Einfach
Nur
Ein
Wenig
Ehrlich

Einzig
Und
Allein
Nur
Ehrlich

SOZIALES PER-
PETUUM MOBILE

WIE
KÖNNTE
RAT
DIR
GEBEN
DER
SELBER
RATLOS
IST

WIE
KÖNNT
ZUM
HALT
DIR
WERDEN
DER
SELBER
HALTLOS
IST

WIE
KÖNNTE
MUT
DIR
MACHEN
DER
SELBER

Mutlos
Ist

Wie
Könnte
Lieb
Dir
Schenken
Der
Selber
Diese
Liebe
Ein
Leben
Lang
Vermisst

Wie
Also
Könnten
Wir
Das
Geben
Das
Selbst
Uns
Nicht
Be-
Schieden

Ward

DERART
SICH
SCHLIESST
EIN
ZIRKEL

DEN
KEINER
WOLLTE

KEINER
MAG

UND
DOCH
DER-
GLEICHEN
KREISLAUF
BESTIMMET
UNSER
LEBEN

EIN
LEBEN
LANG
UND
TAG
FÜR
TAG

Herzens-Wunsch

Ein
Aug
Zu
Er-
Kennen
Der
Anderen
Leid

Ein
Ohr
Zu
Verstehen
Auch
Anderer
Freud

Ein
Herz
Das
Empfindet
Der
Anderen
Schmerz

Eine
Seele
Die

LIEBT
AUCH
ANDEREN
GIBT
VON
DIESER
LIEB

MUT
EINE
EIGENE
MEINUNG
ZU
HABEN

KRAFT
ZU
HELFEN
DENEN
DIE
DARBEN

GEDANKEN
DIE
SCHWIMMEN
AUCH
GEGEN
DEN
STROM

UND
SEI
DAROB

BESCHIEDEN
IHNEN
AUF
EWIG
SPOTT
NUR
UND
HOHN

GLAUBEN
DER
HOFFNUNG
GIBT

IMMERFORT

WEISHEIT
ÜBER
SICH
SELBST
ZU
LACHEN

KLUGHEIT
NICHT
SINNLOS
STREIT
ZU
ENT-
FACHEN

FREUDE
AM

Leben

Und
zu
Streben

Nach
Er-
Kenntnis
Was
Des
Lebens
Sinn
Und
Was
In
Der
Tat
Wirklich´
Gewinn
Für
Deine
Seele
Deinen
Geist

Das
Wünsch
Ich
Dir

Für
All

DEIN
LEBEN

UND
ALL
DEN
ANDERN
DIE
AUCH
MAN
MENSCHEN
HEISST

Altera pars
— πᾶν θεός

Erkenne
Ich
Dich
Erkenne
Ich
Mich

Dich
In
Mir
Und
Mich
In
Dir

Liebe
Ich
Dich
Lieb
Ich
Mich

Lieb
Ich
Mich
Lieb
Ich
Dich

Mich
In
Dir

Und
Dich
In
Mir

Lieb
Ich
Die
Menschen
Find
Ich
Mich
Find
Ich
Dich

Dich
In
Mir
Mich
In
Dir

Und
Uns
Alle
In
Gottes
Schöpfung

DES
HERR-
GOTTS
WUNDER-
BARER
KREATUR

Stoss-Seufzer

Belogen
Betrogen

Und
Doch
Nicht
Verzagt

Verspottet
Missachtet

Und
Dennoch
Gewagt
Einfach
Nur
Mensch
Mensch
Unter
Menschen
Zu
Sein

Gleichwohl
Stets
Und
Immer
Nur

Allein
Unter
All
Den
Menschen
Auf
Der
Welt

Des
Un-
Geachtet
Strebend
Nach
Ihrer
Nähe

Auf
Dass
Zwischen
Uns
Entstehe
Ein
Wenig
Nur
An
Wärme
An
Miteinander-
Sein

So
Mein

Leben

Das
Gott
Gegeben

Das
Menschen
Bestimmt

Das
Mir
Das
Schicksal
Genommen

So
Dass
All
Meine
Träume
Zerronnen
Menschen
Könnten
Menschlich
Sein

Hier

Auf
Dieser
Welt

DENN
NICHT
WAS
EINER
IST
NUR
WAS
EINER
HAT
DAS
ALLEINE
ZÄHLT

Ecce homo Homine Begegnung im Asylantenheim

Sieh

Ein
Mensch

Er
Hat
Ein
Gesicht

Er
Hat
Eine
Stimme

Er
Hat
Verstand

Und
Gefühle

Schau
In
Seine

AUGEN

DAMIT
DU
IN
SEINE
SEELE
FALLEN
KANNST

UND
DU
ER-
KENNST

ER
IST
EIN
MENSCH

WIE
DU
UND
ICH

Miezel und Molly — Ein wenig an Barmherzigkeit

Wie
Buschs
Miezel
seine
schlaue
Katze
und
der
Molly
Buschens
Hund
wie
die
Kessel-
flicker
stritten
derart
wild
und
kunterbunt
immer
noch
die
Menschen
streiten

ACH
UND
SEHET
NUR
WIE
BEI
MIEZEL
UND
BEI
MOLLY
AUCH
BEI
IHNEN
VON
DER
LIEBE
NIRGENDS
NUR
DIE
KLEINSTE
SPUR

WÄHREND
DIE
DIE
EINEN
WÜTEND
MOLLY
GEBEN
IN
DEM
TRAGIKOMISCH
STÜCK –

DAS
GESELLSCHAFT
UND
SOZIALES
LEBEN
MAN
ZU
NENNEN
ÜBEREIN-
GEKOMMEN —
SICH
GEBÄRDEN
VÖLLIG
AUSSER
SICH
DIE
DIE
JEWEILS
BUSCHENS
MIEZEL
SPIELT
LÄNGST
AUF
EINEN
BAUM
ENTWICH

UND
WENN
DANN
DER
HERREN
KNECHTE —

SO
WIE
EINST
DER
FÖRSTER
MIEZEL –
DIE
ERSCHIESSEN
DIE
ZU
ÜBERLEBEN
MAUSEND
RAUBEN
UND
DANN
FLÜCHTEN
UND
MITNICHTEN
AN
DIE
KLEINEN
MIEZELS
DENKEN
DIE
GAR
JÄMMERLICH
MIAUEN
WEIL
SIE
NUN
ALLEIN
DOCH
NOCH

So
klein
so
sei
auch
du
wie
damals
Molly
Buschens
Hund
und
nimm
die
kleinen
Miezels
zu
den
Deinen
auch
wenn
sie
Katzen
sind
nicht
Hund

Deshalb
oh
Mensch
sei
doch
gescheit

Auf
Dass
Nicht
Nur
Bei
Busch
In
Seiner
Tier-
Geschichte
Und
In
Sonstigem
Gedichte
Nein
Auch
In
Deinem
Eignen
Und
Der
Andern
Menschen
Leben
Sich
Dann
Finde
Ein
Wenig
An
Barmherzig-
Keit

WAHRHEIT UND LÜGE

Aus der Wahrheit ist eine Hure geworden

Einst
war
die
Wahrheit
wie
ein
scheues
Reh

Kam
keusch
und
züchtig
kam
unberührt
kam
einher
wie
eine
Jungfrau
zart

Doch
dann
oft
allmählich
manchmal
plötzlich

Schlug
Die
Wahrheit
Aus
Der
Art

Sie
Liess
Sich
Kaufen

Sie
Log
Und
Betrog

Und
Aus
Der
Wahrheit
Wie
Eine
Jungfrau
Zart
Wurd
Eine
Hure

Eine
Dirne
Von
Ganz

Eigner
Art

Zwar
war
ihr
Anspruch
hehr

Sie
sei
verbindlich
für
alle
Menschen
auf
der
Welt

Indes

für
Geld
sie
liess
sich
kaufen

und
trug
für
eben
dieses

Geld
Ihre
Haut
Zu
Markt

Wie
Alle
Huren
Dieser
Welt

Und
Deshalb
Sind
Der
Wahr-
Heiten
So
Viele
Wie
Menschen
Auf
Der
Welt

Denn
Jeder
Dieser
Menschen
Kann
Seine
Wahrheit

KAUFEN

ALLEINE
FÜR
EIN
BISSCHEN
GELD

Moderne Hof-Narren

Früher
durft
am
Hof
der
Narr
die
Wahrheit
künden

Und
der
Narren
Herrn
hörten
jedenfalls
doch
meistens
ihrer
Narren
Wahrheit
gern

Heute
steht
es
mit
der

462

WAHRHEIT
ANDERS
NICHT

FÜRWAHR

DENN
WER
DIE
WAHRHEIT
SAGT
DAMALS
WIE
HEUTE
DER
IST
UND
BLEIBT
EIN
NARR

NUR
DASS
DER
NARREN
FREIHEIT
HEUTE
NICHT
MEHR
GILT

WAS
SEINERZEIT

Die
Herrn
Ergötzte
Das
Macht
Sie
Heute
Nur
Noch
Wild

So
Dass
Der
Narren
Kopf
Heut-
zutage
Viel
Lockrer
Sitzt
Als
Seiner-
Zeit
Bei
Hofe

So
Ändern
Sich
Die
Zeiten

Doch
Wer
Die
Wahrheit
Sagt
Der
Ist
Und
Bleibt
Der
Doofe

Lügen haben kurze Beine

Angeblich
haben
Lügen
kurze
Beine

Doch
ohne
Lügen
und
sei´s
nur
eine
eine
einzige
am
Tag
die
vermag
zu
retten
einem
Menschen
seinen
Pelz
keiner
könnt
bestehen

IN
DIESEM
ACH
SO
VERLOGEN
LEBEN
IN
DEM
EBEN
ALLE
SICH
UND
ANDERE
BELÜGEN
UND
DADURCH
BETRÜGEN
UM
EIN
EHRLICH
AUFRECHT
LEBEN

INSOFERN
MAG
ES
SEIN
DASS
LÜGEN
HABEN
KURZE
BEINE

JEDOCH

OHNE
LÜGEN
GROSSE
WIE
KLEINE
DIE
MENSCHEN
HÄTTEN
KEINE

BEINE

SO
DASS
DIE
ALLER-
MEISTEN
MEINEN
ES
SEI
BESSER
ZU
HABEN
KURZE
BEINE

ALS
DENN
KEINE

Auch
Wenn
Sie
Dann
Wie
Man
Des
Öfteren
Sehen
Kann
Wie
Jeder
Oft
Schon
Hat
Gesehen
Als
Krüppel
Durch
Das
Leben
Gehen

Alles hat seinen Preis
Du kannst wählen
Zwischen Skylla
Und Charybdis

Die
Lüge
Kostet
Dein
Ich

Die
Wahrheit
Kostet
Dein
Leben

Also
Musst
Du
Mit
Der
Lüge
Leben

Wenn
Du
Weiter-
Leben
Willst

OHNE
DICH

Kleine Variation
Eines Sprichworts

Eine
Lüge
Zwar
Klein
Doch
Wohl
Bedacht
Hat
Wohl-
Bedacht
Schon
Manches
Leid
Gebracht

Wer lügt
Der stiehlt

Wer
Lügt
Der
Stiehlt

Wie
Also
Kannst
Du
Denen
Glauben
Die
Uns
Tag-
Täglich
Unser
Leben
Rauben
Indem
Sie
Uns
Bestehlen
Um
Ein
Selbst-
Bestimmtes
Sein

Allein

Ist
Es
Ver-
Messen
Dass
Ich
Hoffe
Sie
Mögen
Fressen
Von
Dem
Was
Sie
Ge-
Stohlen
Bis
Sie
Ersticken
An
Dem
Was
Sie
Gelogen
Un-
Verhohlen

Παράδοξον

Eurer
Moral
Zu
Spott
Und
Hohn

Weh
Dem
Der
Nicht
Lügt

Weh
Dem
Der
Nicht
Betrügt

Weh
Dem
Der
Nie
Gelogen
Und
Gestohlen

Unverhohlen

475

Er
Wird
Nie
Kommen
Hier
Auf
Dieser
Welt
Zu
Ehre
Ruhm
Und
Geld

Lüge und Wahrheit

Lüge
oft
gehört
leicht
sich
zu
vermeintlich´
Wahrheit
verkehrt

Deshalb

miss-
trau
der
Wahr-
heit
denn
auch
sie
könnt
eine
Lüge
sein

Was
schon
ist

BLANKE
WAHR-
HEIT

WAS
IST
LÜG
ALLEIN

WAS
DEM
EINEN
LÜG
DEM
ANDERN
WAHRHEIT
IST

ZUMAL
UND
NAMENT-
LICH
WENN
ER
DIE
WAHR-
HEIT
NIE
VER-
MISST

WENN
IHM

Das
Lügen
Gleich-
sam
ward
zur
zweit
Natur
dann
ist
von
Wahrheit
keine
Spur
zu
finden
in
den
Lügen
die
er
als
unbedarft
Natur
dann
gar
noch
für
die
Wahrheit
hält

Lügen und Gerüchte

Lügen
Gerüchte
Böse
Wort
Wachsen
Gar
Schnell
In
Einem
Fort

Ein
Schnee-
Ball
Nur
Gehn
Sie
Zum
Tor
Hinaus
Zer-
Schmettern
Sie
Einer
Lawine
Gleich
Bereits
Den

Nachbarn
und
des
Nachbars
Haus

Mit
kurzen
aber
schnellen
Beinen
die
Fama
eilt
von
Mund
zu
Mund

Und
was
dem
einen
noch
Gerücht
tut
er
dem
andern
schon
als
Wahrheit
kund

So
Ward
Gar
Mancher
Mensch
Zerstört
Durch
Ein
Gerücht
Durch
Eine
Kleine
Lüge
Nur

Und
Bei
Denen
Die
Solch
Gerücht
Verbreiten
Mit
Freuden
Überall
Zu
Allen
Zeiten
Von
Reue
Nicht
Die
Kleinste

SPUR

DENN
ES
WAREN
DOCH
GERÜCHTE

NUR

Das Gesicht eines Menschen

Seht

Menschliche
Gesichter

Sie
gehören
unseren
Herr-
schern

Denen
vor
und
hinter
den
Kulissen
von
Sein
und
Schein

Die
Herr-
schen
indem
sie
das

Volk
ausbeuten

und
unter-
drücken

und
sich
ihrer
jeweiligen
Epoche
ent-
sprechend
als
Aristokraten
oder
Demokraten
als
Kapitalisten
oder
Kommunisten
bezeichnen

oder
sich
dergleichen
Etiketten
mehr
aufkleben

um
uns

Zu
Täuschen

Schaut
Sie
Euch
An

Und
Sagt
Mir

Sind
Es
Die
Gesichter
Von
Menschen

Seht

Ein
Menschliches
Gesicht

Es
Gehört
Einem
Politiker

Er
Belügt
Das

VOLK

WIDER
BESSERES
WISSEN

UND
FÜHRT
ES
IN
ELEND
UND
KRIEG

SEIT
MENSCHEN-
GEDENKEN

IM
INTERESSE
DERER
DIE
IHN
BEZAHLEN

IST
ES
DAS
GESICHT
EINES
MENSCHEN

SEHT

EIN
MENSCHLICHES
GESICHT

ES
GEHÖRT
EINEM
RICHTER

ER
SPRICHT
UNRECHT

IM
NAMEN
DES
VOLKES

ODER
DER
REPUBLIK

ODER
IM
NAMEN
DERER
DIE
IHM
SAGEN
IN
WESSEN
INTERESSE
ER

Recht
und
Unrecht
zu
sprechen
hat

Ist
es
das
Gesicht
eines
Menschen

Seht

Ein
menschliches
Gesicht

Es
gehört
einem
Lehrer

Er
sagt
seinen
Schülern
was
sie
zu
denken

Haben

Im
Interesse
Derer
Die
Ihn
Mehr
Schlecht
Als
Recht
Bezahlen

Für
Diese
Verantwortungs-
Volle
Aufgabe

Ist
Es
Das
Gesicht
Eines
Menschen

Seht

Ein
Menschliches
Gesicht

Es
gehört
einem
Arzt

er
hat
gelobt
ärztliche
Ver-
ordnungen
zum
Nutzen
des
Kranken
zu
treffen

und
Schaden
von
ihm
zu
wenden

und
doch
ist
er
der
Erfüllungs-
gehilfe
derer

Die
Mit
Der
Krankheit
Von
Menschen
Ihre
Geschäfte
Machen

Ist
Es
Das
Gesicht
Eines
Menschen

Seht

Ein
Menschliches
Gesicht

Es
Gehört
Einem
Vater

Es
Gehört
Einer
Mutter

SIE
SCHLAGEN
IHR
KIND

IN
EBEN
SEIN
GESICHT

IST
ES
DAS
GESICHT
DER
ELTERN
DAS
GESICHT
VON
MENSCHEN

SEHT

EIN
MENSCHLICHES
GESICHT

ES
GEHÖRT
EINEM
MANN

ODER
EINER
FRAU

DIE
BEHAUPTEN
DASS
SIE
SICH
LIEBEN

UND
EINER
SAGT
GLEICH-
WOHL
DEM
JEWEILS
ANDEREN
WAS
ER
ZU
TUN
UND
WAS
ER
ZU
LASSEN
HABE

SIND
ES
DIE

Gesichter
von
Menschen

Seht

ein
menschliches
Gesicht

Es
gehört
einem
Soldaten

Er
tötet

Menschen

im
Interesse
all
der
vor-
genannten
Interessen

Als
Letztes
Glied
in
einer

Langen
Kette

Ist
Es
Das
Gesicht
Eines
Menschen

Deshalb
Frage
Ich
Euch
Ihr
Zuvor
Benannten
Frage
Ich
Euch
Euch
Alle
Auch
Die
Welche
Nicht
Un-
Mittelbar
Menschen
Töten
Wie
Ein
Soldat

INDES
KAUM
WENIGER
GRAUSAM
UND
ERST
RECHT
NICHT
SELTENER
ALS
DIESER

GEHÖRT
EUER
MENSCHLICHES
ANTLITZ
TATSÄCHLICH
EINEM
MENSCHEN

DUMMHEIT UND KLUGHEIT

GEIST UND ERKENNTNIS

Dummheit und Klugheit
Als Freunde vereint

Einstmals
Dummheit
Zur
Klugheit
Sprach

Ich
Bin
So
Dumm
Du
Bist
So
Klug

Jetzt
Ist's
Genug

Wir
Sollten
Sterben

Und
Nicht
Enttäuschen
Weiterhin
Die

HOFFNUNG
ALL
DER
MENSCHEN
DIE
STREBEN
NOCH
IN
DIESEM
LEBEN
ZU
WERDEN
KLUG

ODER
AUCH
DERER
DIE
ZU
SEHR
BANGEN

UND
DESHALB
VERLANGEN
DUMM
ZU
BLEIBEN

DAMIT
SIE
EBEN
DIESES

Leben
Auch
Fürderhin
Ertragen
Können

Jetzt
Ist´s
Genug

Doch
Dann
Kam´s
Wie
Es
Öfter
Kommt
Im
Leben

Und
Beide
Dummheit
Wie
Klugheit
Leben
Eben
Weiter

Wie
Zuvor

Und

Stets
Bereit
Uns
Zu
Helfen

Auf
Dass
Durch
Dummheit
Trotz
Klugheit
Ein
Jeder
Seine
Zeit
Ertrage

Hier
Auf
Erden

Bis
Ans
Ende
Seiner
Tage

Schlaflied

Schlaf
Kindchen
Schlaf

Sei
Blöde
Wie
Ein
Schaf

Sei
Dumm
Wie
Eine
Kuh

Nur
So
Wirst
Du
Des
Lebens
Leid
Ertragen

Und
All
Die
Fragen

Die
dir
das
Leben
stellt

Und
doch
nie
eine
Antwort
hält
parat
auf
alles
was
dich
plagt
dein
ganzes
Leben
lang

Ach
Kind
mir
wird
so
bang

Wenn
ich
ans

Leben
Denke

Das
Gott
Dir
Schenkte

Ist´s
Segen
Nun
Oder
Fluch

Als
Gäbs
Nicht
Schon
Genug
Der
Menschen

Auf
Dieser
Unsrer
Welt

Die
Uns
Allen
Gar
So
Wenig

SCHENKT

AN
LIEBE

SCHLAF
KINDCHEN
SCHLAF

DUMM
SEI
WIE
EIN
SCHAF

SEI
BLÖD
WIE
EINE
KUH

NUR
SO
WIRST
DU
DEIN
LEBEN
EIN
LEBEN
LANG
ERTRAGEN

Und
Nicht
Verzagen

An
Eben
Diesem
Leben

Bitte
Bitte
Sei
Nicht
Klug

Der
Klugen
Gibt´s
Genug

Kluge
Müssen
Verderben

Vor
Ihrer
Zeit
Sie
Werden
Müssen
Sterben

Schlaf
Kindchen
Schlaf

Bleib
Bitte
Bleib
Dein
Ganzes
Leben
Lang
So
Blöde
Wie
Ein
Schaf

Das glauben jedenfalls die Toren

Zu
Leiden
Nicht
Zum
Glücke
Sei
Der
Mensch
Geboren

Das
Glauben
Jedenfalls
Die
Toren

Und
Weil
Der
Toren
Viele
Sind
Und
Dummheit
Macht
Sich
Breit

GESCHWIND
UND
DUMMHEIT
KOMMT
GAR
WEIT
UND
WEIT
HERUM
AUF
DIESER
WELT
SO
JEDEN-
FALLS
HAT
SICH
DER
GLAUBE
EIN-
GESTELLT
DAS
GLÜCK
SEI
SCHON
VERLOREN
DAS
LEIDEN
UNSER
LOS
SOBALD
DIE
MUTTER

UNS
GEBOREN
SOBALD
WIR
KROCHEN
AUS
DER
MUTTER
SCHOSS

JEDOCH

ALLEINE
DUMMHEIT
LÄSST
ZUHAUF
DIE
MENSCHEN
GLAUBEN
DAS
LEID
AUF
ERDEN
SEI
GOTTES
WILLE
DES
SCHICKSALS
LAUF

UND
DUMMHEIT
LÄSST

Sie
Nicht
Erkennen
Dass
Es
Nur
Wen'ger
Menschen
Hand
Die
Menschlich
Elend
Schuf

Nur
Zu
Eigenem
Behuf

Zu
Eignem
Glück

Zu
Eigner
Freud

Und
All
Den
Anderen
Zum
Leid

Am Ende nur Noch Staunen

Meid
die
breit
getretnen
Pfade

Steig
auf
zur
Sonne
und
ver-
brenne
in
der
Hölle
Glut

Ertrag
mit
Demut
zu
er-
kennen
wie
das
Grösste
und

DAS
KLEINSTE
MIT-
EINANDER
SIND
VERWOBEN

VON
DEM
DA
OBEN

EINERLEI

DENN
BEI
ALLEM
STREBEN

EINMAL
IM
LEBEN
MUSST
AUCH
DU
DICH
BEUGEN

AM
ENDE
JEDEN-
FALLS
STEHT

Nur
Noch
Staunen

Trotz
Der
Erkenntnis
Raunen

Und
Schweigen

Stumm
Stehst
Du
Dann

Und
Ahnungs-
Los

Leb dein Leben

Leb
dein
Leben

Ohne
Angst

Leb
dein
Leben

Selbst-
bestimmt

Leb
dein
Leben

Bereit
zu
hinter-
fragen
und
zu
er-
kennen

Leb
Dein
Leben

Willens
Widerstand
Zu
Leisten

Gegen
Unrecht
Und
Unter-
Drückung

Leb
Dein
Leben

Mit
Achtung
Vor
Der
Schöpfung
Und
All
Ihren
Kreaturen

Leb
Dein
Leben

Voll
Der
Liebe

Leb
Dein
Leben

Mit
Freude

Trotz
alledem

Nur
So
Kannst
Du
Leben

Auf
Dem
Weg
Ein
Mensch
Zu
Werden

Vergiss es nicht
Bewahre Es
Von Tag zu Tage

Was
Dich
Berührt
Was
Dich
Bewegt
Was
Leuchtet
Dir
In
Finstrer
Zeit
Was
Strahlt
Dir
Hell
Am
Tage
Was
Lösung
Schien
Dir
In
Der
Nacht
Indes
Am

TAGE
DANN
WARD
ZUR
ZWEIFELND
FRAGE
WAS
DEINE
HOFFNUNG
WAS
DIR
MACHTE
MUT
WAS
AUCH
DU
WAGTEST
MIT
DES
HERZENS
GLUT

VERLIERE
UND
VERGISS
ES
NICHT
MAG
ZWEIFEL
DICH
AUCH
PLAGEN

WAS
DU
GEWORDEN
WAS
DU
BIST

BEWAHRE
ES
VON
TAG
ZU
TAGE

Erkenntnis Nah dem Tode

In
Nur
Wenigen
Sekunden
Durch-
Lebte
Ich
Des
Lebens
Ewigkeit

Freud
Wie
Leid
Ent-
Schwand
Ohne
Furcht
Mir
Stand
Fest
Zur
Seit
Was
Ich
Ein
Leben
Lang

GEDACHT
GEFÜHLT
GEHOFFT
GEBANGT

UR-
PLÖTZLICH
MEIN
ANGST
VER-
SCHWAND
UND
VOR
MIR
KLAR
UND
DEUTLICH
MEHR
ALS
TRÖSTLICH
STAND
DIE
ERKENNTNIS
FELSENFEST
UND
UNUM-
STÖSSLICH

NIE
UND
NIMMER
WAR
VERGEBLICH

Dass
Nur
Im
Kampf
In
Meiner
Seel
Ich
Frieden
Und
Dann
Auch
In
Meinem
Herzen
Ich
Endlich
Ruhe
Fand

So
War
Mir
Nah
Dem
Tode
Tröstlich
Dass
Ganz
Und
Gar
Nicht
War

VER-
GEBLICH
ALL
MEIN
TUN
UND
DASS
ICH
OHNE
RAST
UND
RUHN
GEKÄMPFT
GELITTEN
VIELES
ERTRAGEN
MANCHES
ERSTRITTEN
OFT
VERLOREN
MANCHMAL
GEWONNEN
VIELE
TRÄUM
DABEI
ZERRONNEN

DASS
ALSO
GANZ
UND
GAR
NICHT

War
Vergebens
Dass
Ich
Zeit-
Lebens
Nach
Den
Sternen
Greifen
Wollte

Und
Doch
Der
Menschen
Dummheit
Nur
Spott
Und
Hohn
Mir
Zollte

Geist und Seele

Der
Geist

Ein
Gaukler

Der
Trickst

Der
Trügt

Er
Spiegelt
Nur
Chimären

Gibt
Hirn-
Gespinste
Wieder

Oh
Mensch
Merk
Endlich

Wie
er
sich
selbst
und
auch
die
andern
be-
schwindelt
und
belügt

Die
Seele

Das
was
Gott
dir
gab

Oder
auch
die
Evolution

Un-
bestechlich

Diffus
zwar

Oft

Dennoch
Untrüglich

Identität
Dir

Und
Unsterblich

Ungleich
Mehr
Als
Nur
Fiktion

Sie
Durch-
Dringet
Deinen
Körper

Und
Erfüllt
Auch
Deinen
Geist

Ist
Endlos
Mehr
Als

Du
Kannst
Fassen
Als
Du
Je
Weisst

Allein
Mit
Deinem
Und
Durch
Eines
Menschen
Geist

Was Gedanken Bewirken Könnten

Neue
Gedanken
sind
wie
Spuren
in
frischem
Schnee

Sie
kommen
daher
wie
ein
scheues
Reh

Sie
sehen
nur
zagend
dich
an

Und
schon
wird

Dir
Bang

Wohl
Wissend
Was
Ihre
Kraft
Mühelos
Schafft

Was
Zuvor
Wichtig
Erschien
Ist
Plötzlich
Nichtig
Und
Leer

Und
Manche
Der
Neuen
Gedanken
Lassen
Deines
Seins
Gewissheit
Wanken
Und
Schwanken

WIE
EIN
TORKELNDES
BLATT
AN
HERBSTLICHEM
BAUM

INDES

MEIST
NUR
BLEIBT´S
EIN
TRAUM
DASS
DEINE
GEDANKEN
AUCH
DIE
DER
ANDEREN
WERDEN

UND
SO
BLEIBT
HIER
AUF
ERDEN
FAST
ALLES
SO

533

WIE
IMMER
ES
WAR

ZUDEM

AUCH
NEUE
GEDANKEN
SIND
RAR

Meine Gedanken sind frei
Trotz alledem —
"A Man's a Man for A' That"

Meine
Gedanken
Sind
Frei

Und
Ziehen
Wie
Vögel
Am
Himmel
Vorbei

Manchmal
Strahlen
Sie

Hell

Oft
Verglühen
Sie

Schnell

Und
Stieben

WIE
FUNKEN
DABEI

MEINE
GEDANKEN
SIND
FREI

OFT
WEISS
ICH
NICHT
OB
SIE
NUR
TRAUM
OB
SIE
RAUNEN
DURCH
ZEIT
UND
RAUM

ODER
OB
SIE
WERDEN
ZUR
TAT
UND
MEINER

Gedanken
Saat
Bestimmt
Ein
Wenig
Der
Welten
Lauf

Meine
Gedanken
Sind
Frei

Sie
Schwingen
Auf
Und
Nieder
Mit
Glänzendem
Gefieder
Berühren
Sie
Wieder
Und
Wieder
Meine
Seele
Einem
Wunder-
Samen
Vogel

GLEICH

UND
ICH
ERKENNE
TAG
FÜR
TAG
WAS
MENSCH-
LICHER
GEIST
VERMAG

MEINE
GEDANKEN
SIND
FREI

UND
EINERLEI
OB
EUER
MASSLOS
UNRECHT
SIE
WILL
VER-
SCHLIESSEN
ODER
ER-
SCHIESSEN

„Meine
Gedanken
Reissen
Die
Schranken
Entzwei"

Und
Deshalb
Ihr
Alle
All
Überall
Sollt
Ihr
Wissen

Meine
Gedanken
Sind
Frei

In der Menschen Herzen und in ihren Seelen

Gedanken
meist
taumeln
wanken
und
schwanken
wie
Blätter
im
Wind

Bisweilen
jedoch
gleich
einem
Falken
wie
dieser
geschwind
sie
jagen
durch
Raum
und
Zeit

Als
Seien
Sie
Gedacht
Als
Wären
Sie
Gemacht
Für
Eines
Menschen
Zeit

Mehr
Noch
Für
Des
Universums
Endlos
Ewigkeit

Sie
Schwimmen
Stolz
Wie
Schwäne
Langsam
Wie
Schwer
Beladne
Kähne
Auf
Träger

Lebens-
flut

Nur
selten
stossen
sie
wie
Kormorane
tief
in
der
Menschen
Herzen

Und
ver-
brennen
in
derer
Herzen
Glut

Meist
die
Gedanken
mit
der
breiten
Masse
schwimmen

Manchmal
Indes
Sie
Schwimmen
Auch
Gegen
Der
Masse
Strom

So
Oder
So

Oft
Sie
Ertrinken
Meist
Laut
Schreiend
Bisweilen
Ohne
Auch
Nur
Einen
Einzgen
Ton

Einerlei

Er-
Trunken
Ist

Er-
trunken

Der
Menschen
Hoffnung
Ist
Vorbei
Wenn
Ihre
Gedanken
Schwanden
Weil
Niemals
Halt
Sie
Fanden
In
Ihren
Herzen
Ihren
Seelen

Und
Haben
Der
Menschen
Gedanken
Nicht
Platz
Auch
In
Der

MENSCHEN
HERZEN
UND
RAUM
IN
IHREN
SEELEN
DANN
WERDEN
SOLCH
VERKRÜPPELTE
GEDANKEN
DEN
MENSCHEN
NIEMALS
HELFEN
SIE
WERDEN
MENSCHEN
NUR
UND
AUF
EWIG
QUÄLEN

Paradoxon der Dummheit

Es
ist
der
Dummheit
und
der
Dummen
los
dass
einst
sie
krochen
aus
der
Mutter
Schoss
dass
sie
gewachsen
sich
gemehrt
dass
nie
einen
Zweifel
sie
genährt

Dumm
Könnte
Sein
Was
Sie
Ver-
Brochen
Seit
Sie
Aus
Der
Mutter
Schoss
Gekrochen

So
Bleibt
Es
Phänomen
Dass
Dumme
Das
Was
Sie
Getan
Vom
Mutter-
Schosse
An
Für
Dumm
Nie
Halten

İhr
Ganzes
Leben
Lang

Mit die Dummen
Ist Gott

Dummheit
wird
nicht
dadurch
zu
Hehrem
verklärt
dass
sie
die
Masse
und
die
Masse
sie
nährt

Und
man
von
Kindes-
beinen
an
die
Erden-
bürger
lehrt

Das
Motto

Wer
Nicht
Dumm
Der
Lebt
Ver-
Kehrt

Gleich-
Wohl

Der
Der
Nicht
Dumm
Dem
Allzu
Viel
Gedanken
Irren
Und
Schwirren
Im
Kopf
Herum
Dem
Ist
Der
Zugang

JEDEN-
FALLS
ZU
ÜBER-
IRDISCH
GLÜCKE
MEIST
VERWEHRT

DENN
NUR
DEM
DER
ARM
IM
GEIST
BE-
KANNTLICH
IST
DAS
HIMMEL-
REICH

DESHALB
IHR
MENSCHEN
SEID
NICHT
KLUG
SEID
DUMM

Nur
so
er-
reicht
ihr
euer
Glück
sei
es
auf
Erden
oder
auch
in
einem
andern
Reich
das
nicht
von
dieser
Welt

Denn
hier
wie
dort
alleine
zählt

wer
dumm
der

REÜSSIERT

WER
KLUG
VERLIERT

WER
KLUG
HAT
SCHON
VERLOREN
KAUM
DASS
ER
WARD
GEBOREN

SO
QUÄLT
EUCH
NICHT
MIT
ALLZU
VIEL
GE-
DANKEN
DENN
DIESE
EUCH
NICHTS
NÜTZEN
ZU
NICHTS

Frommen

Nur
So
Ihr
Könnt
Zum
Glück
Auf
Erden
Und
Dann
Auch
In
Den
Himmel
Kommen

Schüttelreim zum Nachdenken

Der
Dummen
Köpfe
Sind
Nicht
Leer
Sie
Sind
Viel-
Mehr
Mit
Unsinn
Voll-
Gestopft

Und
Kommt
Dann
Un-
Verhofft
Die
Klugheit
Mal
Daher
Dann
Fällt
Es
Dieser

MEHR
ALS
SCHWER
ZU
FINDEN
NOCH
EIN
WENIG
PLATZ
IN
EINES
DUMMEN
KOPF

DENN
DIESER
IST
SIEHE
VORHER
JA
ALLES
ANDERE
ALS
LEER

Es kommt kein Narr Gescheit zurück

Es
Geht
Kein
Narr
Und
Kommt
Gescheit
Zurück

Das
Wär
Zu
Viel
Des
Lebens
Glück

Des
Lebens
Glück

Mensch
Sei
Gescheit

Des
Lebens
Glück

Er-
langt
nur
der
der
ist
ein
Narr
und
Narr
auch
bleibt

Kleiner Aber feiner Unterschied

Der
Unterschied
zwischen
Menschen
und
Eseln

Letztere
sprechen
nie
wie
Erstere

Aber
Erstere
oft
wie
Letztere

So
versagt
bisweilen
auch
die
Evolution

Auf einem Holz

Dummheit
und
Stolz
wachsen
nicht
nur
wie
bekannt
auf
einem
Holz

Sie
sorgen
mehr
und
schlimmer
dafür
dass
jedenfalls
fast
immer
die
die
zugrunde
richten
unsre
Welt

AUF
IHRE
DUMMHEIT
SIND
NOCH
STOLZ

The Star-Spangled Banner

Oh
Volk
Wo
Ist
Deine
Ehre
Wo
Dein
Verstand
Geblieben

Wird
Man
Dich
In
Zukunft
Nennen
Das
Volk
Der
Verbrecher
Das
Volk
Von
Gaunern
Und
Dieben

EIN
VOLK
VON
MÖRDERN
ALLEMAL
DIE
GROSS
UND
GRÖSSER
AN
DER
ZAHL
GERAUBT
GEQUÄLT
GESCHÄNDET
UND
GEMORDET

EIN
VOLK
DAS
WEITER
MARODIERT

ALL
ÜBERALL

UND
NICHTS
UND
NIEMAND
HÄLT
ES

AB
VON
SEINEM
SCHÄNDLICH
TUN

EIN
VOLK
DAS
GANZ
UND
GAR
IMMUN
GEGEN
JEGLICHE
KRITIK

WOHL-
WISSEND
DASS
AUF
DIESER
UNSRER
WELT
NICHTS
ANDRES
ZÄHLT
ALS
MACHT
UND
GELD

ZAHLLOSE
MENSCHEN
HAT
DIESES
VOLK —
IN
DEUTSCH-
LAND
IN
VIETNAM
SONST
AUF
DER
WELT —
ZU
TODE
GEBOMBT

UND
ES
MORDET
WEITER

WIE
ES
IHM
GERADE
FROMMT

WIE
SEINE
INTERESSEN
ES

Verlangen

Dann
Gibt's
Kein
Zögern
Und
Kein
Bangen
Es
Könnten
Menschen
Sein
Die
Man
Zu
Tode
Quält

Für
Eines
Volkes
Dummheit

Für
Seiner
Führer
Macht
Und
Geld

"O
Say

Does
That
Star-
Spangled
Banner
Yet
Wave
O'er
The
Land
Of
The
Free
And
The
Home
Of
The
Brave"

Land
Der
Freien
Heimat
Der
Tapfren

An
Deinem
Wesen
Soll
Die
Welt

GENESEN

UND
WENN
DARAN
ALLEIN
OB
DEINER
DUMMHEIT
FÜR
DEINER
FÜHRER
MACHT
UND
GELD
DIE
GANZE
WELT
ZER-
BRICHT
GERADE-
WEGS
IN
SCHERBEN
FÄLLT

Credo in Stultitiam

Der
Un-
wissenheit
frönen
das
Denken
verpönen
auf
Erden
darben
auf
dass
sie
in
den
Himmel
kommen

Das
Elend
schönen
und
trotz
der
Narben
die
ihnen
schlug

Das
Leben
Ihr
Leid
Noch
Krönen
Durch
Bescheiden-
heit

Aufs
Jenseits
Bauend
Und
Ver-
trauend
Auf
Gott
Auf
Andre
Götzen
Die
Nicht
Sind
Von
Dieser
Welt

Auf
Der
Sie
Nichts
Ausser

Ihrem
Elend
Hält

Lügend

Betrügend

Zagend

Bangend

Weniger
Als
Nichts
Vom
Leben
Ver-
Langend

Hoffend
Nur
Auf
Tinnef
Und
Tand

So
Sind
Die
Dummen

ALL
ÜBERALL
AUF
DER
WELT

NICHT
NUR
HIER
IN
DIESEM
LAND

ARMUT UND REICHTUM

GELD UND GIER

Rechtsradikal oder ins Elend geboren schon verloren

Seit
Geburt
Armut
Ihn
Drückte

Kaum
Freud
Gar
Glück
Ihm
Lachte

Ihm
Keine
Lieb
Entgegen
Brachte
Das
Was
Man
Familie
Nennt

Voll
Hass

BEGANN
ER
DANN
ZU
SAUFEN

UND
KONNTE
NUR
DURCH
SINNLOS
RAUFEN
EIN
WENIG
AN-
ERKENNUNG
FINDEN

WENN
ER
SAH
IN
SCHMERZ
SICH
WINDEN
ANDRE
MENSCHEN
DEREN
LEID
WAR
DIES —
GLEICHER-
MASSEN

Traurig
Wie
Erbärmlich —
Oft
Seine
Grösste
Freud

Erziehungs-
Heim
Dann
Knast
So
Die
Karriere-
Leiter

Derart
Ging
Das
Elend
Un-
Aufhörlich
Weiter

Es
Wurden
Seine
Taten
Immer
Schlimmer

UND
NIRGENDS
NIE
UND
NIMMER
WAR
NUR
EIN
MENSCH
DER
LIEB
IHM
GAB

DER
SPÜRTE
SEINE
INNRE
NOT

UND
AUCH
WIE
TOT
SCHON
SEINE
SEELE
DIE
IHM
ZUM
GRAB
GEWORDEN
FÜR

All
sein
Sehnen
Hoffen
Bangen
für
sein
Innerstes
zu
tiefst
verschütt
Verlangen
nach
Nähe
Mensch-
lichkeit
und
Liebe

Anstatt
der
Hiebe

die
er
verteilte

und
erhielt

Dann
schlug
er

EINEN
PENNER
TOT

UN-
ENTSCHULD-
BAR

KEINE
FRAGE

INDES
AUCH
AUSDRUCK
SEINER
NOT

INS
ELEND
GEBOREN
SCHON
VERLOREN

ERST
OPFER
DANN
TÄTER

DAS
IST
DER
TRIBUT
DEN

DIE
GESELLSCHAFT
DER
ARMUT
ZOLLT

VON
MANCHEN
POLITISCH
ERWÜNSCHT

MEIST
UN-
GEWOLLT

Armut schändet

Armut
alle
Freud
vertreibt
durch
Kummer
Sorgen
Angst
und
Not

So
lang
sie
jung
die
Armen
hoffen
ihre
Zukunft
bleibe
voll
der
Möglich-
keiten
offen

DIE
ALTEN
NUR
NOCH
WARTEN

AUF
DEN
TOD

INDES

AUCH
DIE
JUNGEN
BALD
ER-
KENNEN
DASS
SIE
MÜSSEN
TRENNEN
SICH
VON
IHRER
ILLUSION

DAS
WAS
BLEIBT
IST
ARBEIT
TÄGLICH

Fron

So
Wird
Geschändet
Ihre
Hoffnung
Ein
Glücklich
Leben
Ihnen
Sei
Beschieden

Jedenfalls
Hienieden
Dies
Bleiben
Wunsch-
Gedanken

Die
Bald
Schwanken
Wanken
Und
Zerbrechen

An
Der
Wirklichkeit
Des
Lebens

Denn
auf
ein
glücklich
selbst
bestimmtes
Sein
die
Armen
hoffen
nach
wie
vor
vergebens

Impressionen zu Reichtum und Armut

„He
hast
du
mal
'ne
Mark"

So
wird
aus
Not
man
an-
gemacht

Tag
für
Tag

Passanten
Männer
wie
Frauen
nobel
nicht
im
Karnickel

BISWEILEN
IM
ZOBEL
HASTEN
VORÜBER

EBENSO
ALTE
FREGATTEN
IN
IHREM
SCHATTEN
JUNGE
GALANE
STETS
TREU
BEI
DER
FAHNE
VON
REICHTUM
UND
GELD

WOHLAN
WEM´S
GEFÄLLT

ALLEIN
FÜR
GELD
ZU
BE-

Schatten
und
zu
Begatten
alte
Fregatten

Banken-
rettung
Rettungs-
schirme
Gross-
betrüger

und
die
Masse
leidet
Not

Gerechtigkeit
obsiege

Deshalb

die
Schwarz-
fahrer
sperre
man
fort

Wohlan
wem´s
gefällt
allein
für
Geld
zu
lügen
zu
betrügen
damit
nicht
selbst
man
Leide
Not

Für
einen
Porsche
gar
einen
Ferrari
schlag
ich
wirklich
jeden
tot

An
den
Schau-
fenstern

DES
REICHTUMS
SIE
DRÜCKEN
SICH
DIE
NASE
PLATT

NUR
EINE
UHR
EIN
EINZGER
PELZ
KÖNNT
VIELE
KINDER
MACHEN
SATT

DOCH
WIR
WIR
HÄTSCHELN
UNSRE
HUNDE

GAR
TREU
IST
DAS
GETIER

589

Was
kümmern
uns
die
Kinder

Wir
wir
leben
hier

Hier
in
dieser
Welt
die
kein
Mitleid
kennt

„Mein
Haus
mein
Auto
mein
Boot"

Das
alleine
zählt

Dichotomie
oder
Es brodelt
auf der ganzen Welt

Was
den
Reichen
gegeben
ward
den
Armen
genommen

Was
die
Einen
besitzen
ist
den
Andern
zerronnen

Ex
nihilo
nihil
fit

Nichts
entsteht
von

UNGEFÄHR

DER
EINE
HAT´S
IM
BEUTEL

DER
DES
ANDEREN
IST
LEER

ZWILLINGE
ARME
UND
REICHE
SIND

WAS
EINER
VERLIERT
NIMMT
DER
ANDRE
GESCHWIND

OHNE
BEDENKEN

ALS
WÜRD

DER
LIEBE
GOTT
HÖCHST-
SELBST
ES
SCHENKEN

SO
ALSO
MERKE
AUF

ES
GIBT
KEINE
REICHE
OHNE
ARME

UND
REICH
WARD
NIEMAND
OHNE
SCHULD

DA
REICHE
INDES
SELTEN
ARME
JEDOCH

Zuhauf
werden
Arme
Reiche
hängen

Immer
wieder

Das
ist
der
Welten
Lauf

Und
wenn
du
Reicher
Angst
hast
um
dein
Leben
dann
musst
du
auch
den
Armen
geben
von
deinem

GUT
VON
DEINEM
GELD

AUCH
WENN
DIES
NIMMER
DIR
GEFIEL

UND
JETZT
UND
AUCH
IN
ZUKUNFT
NICHT
GEFÄLLT

„Das ist das Verdammte an den kleinen Verhältnissen, dass sie die Seele klein machen."

Armut
Macht
Klein

Denn
Sie
Drückt
Nieder

Die
Freude
Am
Leben

Die
Freude
Zu
Sein

Den
Geist

Die
Seele

DENN
ARMUT
ALLEIN
BESTIMMT
DEIN
HOFFEN
UND
DEIN
BANGEN
DEIN
TAG-
TÄGLICHES
VERLANGEN
DEINEN
ALLTAG
UND
DEIN
SEHNEN

NIRGENDS
NIE
KANNST
DU
ERWÄHNEN
WIE
KLEIN
ERBÄRMLICH
ACH
DEIN
LEBEN
UND
DASS
DERARTIG

Sein
Ohne
Frist
Dir
Auf-
Gegeben
Dir
Bis
Zum
Tod
Be-
Schieden
Ist

Allein
Der
Neid
Der
Ist
Dir
Nicht
Beschieden

Denn
Unter
All
Den
Ding
Hie-
Nieden
Nur
Armut
Und

DAS
ELEND
KEINE
MISS-
GUNST
WECKEN

DENN
WER
SCHON
WILL
AUS
PURER
NOT
VERRECKEN

BLEIBT
NUR
DIE
HOFFNUNG
DASS
DEINE
ARME
SEELE
DANN
NACH
DEM
TOD
ERLÖSUNG
FINDET

FINDEN
KANN
UND
FINDEN
WIRD

WOHL
DEM
DER´S
GLAUBT

WEH
DEM
DER
IRRT

Ausgang Offen

Reiche
Machen
Geld
Aus
Allem

Sie
Machen
Geld
Aus
Deinem
Lachen

Und
Aus
Deinem
Weinen

Sie
Machen
Geld

Aus
Allem

Unbeirrt

UND
SELBST
AUS
STEINEN

NICHTS
GEHT
IHNEN
OHNE
ZINS
VERLOREN

SIE
FÜHLEN
AUSERKOREN
SICH
GERADEZU
GEBOREN
ANZUHÄUFEN
GUT
UND
GELD

SELBST
WENN
DAROB
EIN
MENSCH
ZERBRICHT

Mehr
noch
die
ganze
Welt
in
Scherben
fällt

So
hoff
ich
dass
dereinst
der
liebe
Gott
sie
straft

In
einer
andren
Welt

Es
sei
denn
dass
der
Herrgott
selbst

603

AUCH
ZU
EBEN
DIESEN
REICHEN
ZU
DEN
PLUTO-
KRATEN
ZÄHLT

Die Gier befiehlt
Du musst

Die
Hoffnung
Flüstert
Dir
Ins
Ohr

Vielleicht

Die
Zuversicht
Raunt

Es
Wird
Es
Könnte
Sein

Allein
Die
Gier
Befiehlt

Du
Musst

Deshalb
nur
tu
wozu
du
Lust

und
zeig
was
ohne
Gier
und
ohne
ihr
„du
musst"
für
Menschen
möglich
wär

der
Traum
von
dem
was
könnte
sein
was
denkbar
ist

606

NUR
EIN
VIELLEICHT

NICHT
WENIGER
NICHT
MEHR

Sein und Haben

Ich
will
sein
nicht
haben

Damit
nicht
andre
für
mich
darben

Damit
ich
habe
was
ich
bin

Und
nicht
kommt
mir
in
den
Sinn

608

DASS
ICH
WAS
ICH
HABE
BIN

Sozial Verträglich

Sozial-
verträglich
Arbeiten
Sie

Für
Hunger-
Löhne

Sozial-
verträglich
Hausen
Sie
In
Miets-
Kasernen

Sozial-
verträglich
Vegetieren
Sie

Auf
Der
Strasse

Sozial-
verträglich

GEHEN
SIE
AUF
DEN
STRICH

SOZIAL-
VERTRÄGLICH
MACHEN
SIE
DARAUS
EINEN
EHRBAREN
BERUF

SOZIAL-
VERTRÄGLICH
SAUFEN
SIE

SICH
ZU
TODE

SOZIAL-
VERTRÄGLICH
FRESSEN
SIE

TABLETTEN

DAMIT
SIE

ANGST
UND
HOFFNUNGS-
LOSIGKEIT
ERTRAGEN
KÖNNEN

SOZIAL-
VERTRÄGLICH
KREPIEREN
SIE

AN
KREBS

ODER
AN
ANDEREN
KRANKHEITEN

EINER
TRAURIGEN
HOFFNUNGS-
LOSEN
SEELE

SOZIAL-
VERTRÄGLICH
SPERRT
MAN
SIE
IN
GEFÄNGNISSE

SOZIAL-
VERTRÄGLICH
HEILT
MAN
IHRE
WIDER-
SPENSTIGKEIT
IN
PSYCHIATRISCHEN
ANSTALTEN

SOZIAL-
VERTRÄGLICH
IST
IHNEN
DIE
LIEBE
ABHANDEN
GEKOMMEN

DIE
ZU
SICH
SELBST

UND
DIE
ZUM
NÄCHSTEN

DERART
SOZIAL
VERTRÄGLICH

IST
IHR
ALLTAG

IHN
SO
ZU
GE-
STALTEN
IST
DIE
WAHRE
KUNST
DER
POLITIK

IM
DIENST
DER
HERR-
SCHENDEN

DIE
NICHT
SOZIAL-
VERTRÄGLICH
LEBEN

WOLLEN

MÜSSEN

SEIT

Je
erträgt
die
Gesellschaft
fast
alles

Sozial-
verträglich

und
die
Leidens-
fähigkeit
der
Untertanen
ist
der
grösste
Verbündete
der
Herrschenden

Lieber
Gott
warst
du
von
Sinnen

als
du
sie

DIE
MENSCHEN
SCHUFST

DERMASSEN
SOZIAL
VERTRÄGLICH

GUT UND BÖSE
RECHT UND GERECHTIGKEIT

Der Fluch der bösen Tat

Das
Gute
so
viel
jeden-
falls
steht
fest
ist
stets
das
Böse
das
man
lässt

Und
auch
so
die
Moral
gibt
es
nichts
Gutes
ausser
man
tut

Es

Jedoch

Wir
Wissen
Nicht
Wie
Eben
Dieses
Böse
Einst
In
Die
Welt
Gekommen
Ist

War
Es
Der
Wille
Gottes

Des
Schicksals
Fluch

Nein

Sicher
Ist

619

DER
MENSCHEN
TAT
AUS
FREIEN
STÜCKEN
URSACH'
UND
ANLASS
ALLES
BÖSEN
IST

SIMILIA SIMILIBUS NON CURANTUR

Wie
Feuer
Nicht
Durch
Feuer
So
Lässt
Sich
Das
Böse
Nicht
Durch
Das
Böse
Löschen
Entzündet
Sich
Vielmehr
Am
Bösen
Stets
Aufs
Neu

Schöpfungsakt

Nur
dadurch
dass
wir
das
Gute
tun
kommt
es
in
die
Welt

An
und
für
sich
existiert
es
nicht

Genau
so
wenig
wie
das
Böse

Der Wille zählt

Böse
Absicht
Wird
Sich
Nicht
Zum
Guten
Wenden

Was
Gut
Gemeint
Indes
Kann
Werden
Böse
Tat

Drum
Zählt
Die
Absicht

Nicht
Was
Draus
Geworden

Und
Um
Der
Menschen
Wollen
Nicht
Um
Deren
Wollen
Folgen
Sollt
Ihr
Euch
Deshalb
Sorgen

ZUSTÄNDIGKEITEN

GOTT
IST
FÜR
DAS
GUTE
ZUSTÄNDIG

DIESES
HAT
ER
IN
DEN
WEITEN
DES
UNIVERSUMS
OFT
UNAUFFINDBAR
VERBORGEN

FÜR
DAS
BÖSE
INDES
TRÄGT
ALLEIN
SEINE
MISSLUNGENE
SCHÖPFUNG

Der Mensch Die Verantwortung

Self-fulfilling Prophecy

Glaub
an
das
Böse

Es
wird
geschehen

Glaub
an
das
Gute

Es
wird
dir
wider-
fahren

Glaub
an
dich
selbst

NUR
SO
KANNST
DU
MENSCH
WERDEN

GNADE GOTT

GNADE
DENEN
DIE
NICHT
VON
DER
MÄCHTIGEN
GNADEN

GNADE
DENEN
DIE
MENSCH
GEWORDEN
VON
GOTTES
GNADEN
GOTTES
EBENBILD
SIND

Paradoxon

Man
hat
dich
getötet

Aber
die
Gerechtigkeit
nicht

Man
kann
mich
töten

Aber
die
Gerechtigkeit
nicht

Man
kann
alle
Menschen
töten

Dann
bleibt
keiner

Der Die Gerechtigkeit Tötet

Richter und Gerechtigkeit

Es
Ist
Leichter
Eine
Nadel
Im
Heuhaufen
Zu
Finden
Als
Einen
Gerechten
Richter

Denn
Diese
Urteilen
Nach
Dem
Recht

Nicht
Nach
Gerechtigkeit

WAS
ABER
HABEN
RECHT
UND
GERECHTIGKEIT
GEMEIN

Warten Auf Godot

Ich
Warte

Auf
Gerechtigkeit

Darüber
Bin
Ich
Alt
Geworden

Wie
Viele
Vor
Mir

Und
Viele
Nach
Mir

Warten
Werden

Auf
Gerechtigkeit

634

Und Alt Werden

Werden

Recht und Unrecht

Recht ändert sich

Im Gegensatz zu Un-Recht

Gerechtigkeit im Himmel

Das
Recht
gehört
ins
Gericht

Und
Gerechtigkeit
in
den
Himmel

Jedoch

Bisher
habe
ich
weder
den
Himmel
noch
Gerechtigkeit
gefunden

NOCH EINIGE GEDANKEN ZU GESELLSCHAFT STAAT UND POLITIK

POLITISCH LIED
GAR GARSTIG LIED

KUNST
MUSS
HOFFNUNGEN
UND
WÜNSCHE
MUSS
SEHN-
SÜCHTE
UND
ÄNGSTE
AUSDRÜCKEN
MUSS
MIT
DER
KETTEN-
SÄGE
DIE
VER-
ZWEIFLUNG
DES
GEISTES
MIT
DEM
STRICH
DES
PINSELS
DIE
NARBEN

Der
Seele
Zum
Ausdruck
Bringen

Wie
Also
Könnte
Der
Künstler
Sein
Der
Nie
Zweifel
Und
Ver-
Zweiflung
Gespürt
Hat

Wie
Sollte
Kunst
Entstehen
Ohne
Leid

Wie
Viel
Leid
Indes
Kann

DER
KÜNSTLER
KANN
DER
MENSCH
SCHLECHTHIN
ERTRAGEN

Die Niederungen des Alltags

Der
Mensch
Stirbt
Nicht

Einfach
So

Er
Fällt

Wie
Ein
Soldat

Im
Kampf

Gegen
Die
Niederungen
Des
Alltags

Vereinigung der Widersprüche

In
dir
oh
Mensch
ist
alles

Die
Liebe
und
der
Hass
das
Gute
und
das
Böse
Stärke
und
Schwäche
Feigheit
und
Mut
Ehrlichkeit
und
Lüge

Mach Etwas Daraus

Einen Menschen

DER STAAT
HAT DIE MACHT

DER
STAAT
SCHAFFT
GESETZE

ZU
EUREM
SCHUTZ

DER
STAAT
ERRICHTET
GEFÄNGNISSE

ZU
EURER
SICHERHEIT

DER
STAAT
BAUT
SCHULEN

DAMIT
IHR
WAS
RECHTES
LERNT

Natürlich
In
Seinem
Des
Staates
Sinne

Der
Staat
Schützt
Das
Eigentum

Damit
Man
Euch
Nicht
Bestehle

Der
Staat
Lehrt
Euch
Zu
Töten

Damit
Ihr
Ihn
Den
Staat

Der
Euch
So
Viel
Gutes
Tut
Verteidigen
Könnt

Indes

Nach
All
Diesen
Wohl-
Taten
Seid
Ihr
Dumm
Wie
Zuvor
Reicher
Seid
Ihr
Auch
Nicht
Geworden
Und
Niemand
Hat
Euch
Gelehrt

Wie
Ihr
Euch
Gegen
Den
Staat
Schützen
Könnt

Gewaltenteilung

Von
Gewalten-
teilung
spricht
man
wenn
der
Staat
dem
Volke
mitteilt
wer
wann
wie
welche
Gewalt
gegen
das
Volk
ausübt

Heiliger Krieg gegen den Neoliberalismus

Prasser
Prächtig
Meineidige
Mächtig
Betrüger
Und
Räuber
All-
Überall
In
Ehren

Euer
Kapital
Möge
Sich
Mehren
Durch
Hunger
Krieg
Und
Tod

Doch
Auch
Eurer
Mütter

Kinder
Treffe
Die
Not
Die
Ihr
Über
Andere
Gebracht

Sie
Möge
Euch
Heim-
Suchen
Alt-
Testamentarisch
Gedacht
Jeden
Tag
Und
Jede
Nacht

Staatsräson und Vaterland

Wenn
der
Staat
tötet
nennt
er
dies
Staats-
räson

Wenn
der
Staat
seine
Bürger
töten
lasst
nennt
er
dies
Krieg

Und
er
selbst
nennt
sich
dann

NICHT
MEHR
STAAT
SONDERN
VATERLAND

Der Stoff
Aus dem Staaten
Gemacht werden

Das
Volk

Der
Stoff
Aus
Dem
Die
Herr-
Schenden
Nach
Ihren
Normen
Jeden
Staat
Bilden
Und
Formen

Deshalb
Volk
Sei
Hart
Und
Spröde

Damit
Man
Dich
Nicht
Zu
Der
Herren
Nutzen
Forme
Und
Knete

Alter Wein In neuen Schläuchen

Im
Staate
überwiegen
Macht-
erhalter

Was
Fehlt
Indes
Sind
Die
Gestalter

Was
Aber
Sollten
Die
Gestalten

Der
Herrschaft
Inhalte
Des
Staates
Regeln
Sind
Längst

KLAR

UND
SO
VER-
KAUFEN
SIE
DIE
GESTALTER
GENAUSO
WIE
DIE
MACHT-
ERHALTER
NUR
ALTEN
WEIN
IN
NEUEN
SCHLÄUCHEN

TRAURIG
ABER
WAHR

Freedom and Democracy

Verrat
an
allen
demo-
kratischen
Prinzipien

und
nur
die
Whistle-
blower
sitzen
im
Gefängnis

oder
im
Moskauer
Exil

Folter

und
die
Mehrheit
der
US-

AMERIKANER
HÄLT
DIES
FÜR
GERECHT-
FERTIGT

VÖLKER-
MORD

IN
DEUTSCHEN
BOMBEN-
NÄCHTEN

IN
VIETNAM

UND
IN
UN-
ZÄHLIGEN
ANDEREN
KRIEGEN
HERNACH

SELBST-
VERSTÄNDLICH
IM
NAMEN
DER
FREIHEIT

Auf
Diese
Freiheit
Genannt
Pax
Americana
Pfeife
Ich

AN STELLE EINES NACHWORTS

TOD ICH VERFLUCHE DEINE HÄRTE
DIE MIR MEIN WEIB ENTRISSEN HAT
UNGLÜCKLICH BIN ICH DESHALB
TAG FÜR TAG ...

MIR DER ICH FRÜHER NICHTS ENTBEHRTE
NICHTS BLIEB VON MEINER EINSTGEN
STÄRKE

TOD SAG
WAS SIE DIR ZULEIDE TAT

WIR WAREN ZWEI MIT EINEM HERZEN
WEIL IHRES TOT NUN IST
SCHWAND MEINE KRAFT

LEBLOS ICH LEB
IHR BILD IN MIR

TIEF DRINNEN

DEN TOD IM HERZ

IHR BILD
TIEF DRIN
DER TOD
IN MIR

(François Villon — Rondo
Eigene Übersetzung
Aus dem Französischen)

DER AUTOR UND SEIN WERK

Richard A. Huthmacher studierte u.a. Medizin, Psychologie, Soziologie und Philosophie; viele Jahre war er als Arzt tätig und ist nun Chefarzt im Ruhestand.

Nach ersten literarischen Veröffentlichungen wurde der Autor durch seine ärztliche Tätigkeit in Anspruch genommen; insbesondere entwickelte er bahnbrechende neue Methoden zur Behandlung von Krebserkrankungen (s. hierzu den Tatsachen- und Enthüllungsroman „*Dein Tod war nicht umsonst*").

(Fiktive) Briefpartnerin des mehrteiligen Briefromans „*Offensichtliches, Allzuoffensichtliches*", einer Essay-Sammlung ebenso zu Themen der Zeit wie zum Mensch-Sein allgemein, ist seine verstorbene – genauer: ermordete – Frau (s. auch hierzu den Tatsachen- und Enthüllungsroman „*Dein Tod war nicht umsonst*").

Auch in „*Aperçus, Aphorismen, Gedichte – Gedanken, die sich nur selten reimen. Indes nicht weniger wahr sind*" (Teile 1-4) hinterfragt der Verfasser das – nur vermeintlich – „Offensichtliche, Allzuoffensichtliche", das die je Herrschenden uns einreden möchten, damit sie ihre einträglichen Geschäfte betreiben können.

Die Gedichte von „*Homo homini lupus. Carmina Burana: Über Menschen und das Leben. Über Sterben und den Tod*" (*Der Tragödie 1. und der Tragödie 2. Teil*) dienen dem Autor als „Trojanisches Pferd": Sie sollen sich einschleichen in das Innerste der Leser, in ihre Herzen und Seelen; sie sollen diese berühren und bewegen.

Und sie mögen Carmina Burana sein, die Verse Suchender, nicht Wissender, die Reime derer, die durch das Leben streifen, die Chronisten sind – ebenso der Erbärmlichkeit der Herrschenden wie der Wunder der Schöpfung, insbesondere aber der Wertschätzung des Menschen, so wie er ist, wie er sollt sein: Der Mensch – ein Traum, was könnte sein, was möglich wär. Nur ein Vielleicht, nicht weniger, nicht mehr.

In dem Drama „*Ohne Worte. Ein Leben in Deutschland*" zeigt der Autor, dass die Menschen – nicht nur in Deutschland – meist nur Statisten ihres eigenen Lebens sind, stumme Zeugen dessen, was andere für sie inszenieren.

Das Drama möge zur Ermutigung dienen, auf dass – in Verbindung plautusscher Asinaria und feuerbachscher Anthropologie – in Zukunft gelten möge: Non lupus sit homo homini sed deus.

Zur Ermutigung dienen und zum gegenseitigen Verstehen anleiten soll auch das Hörspiel/die szenische Lesung: *„Nur Worte. Über ein Leben. In Deutschland".*

In seiner mehrbändigen Abhandlung *„Die Schulmedizin – Segen oder Fluch?"* setzt sich der Autor mit den „Errungenschaften" der „modernen" Medizin auseinander; mit „Errungenschaften", die viele Menschen mit Leiden und Leid, nicht wenige gar mit dem Tod bezahlen.

Deshalb, weil die „moderne" Schul-Medizin die psychisch-seelische Dimension des Menschen kaum erfasst und, im Falle einer Erkrankung, völlig unzureichend berücksichtigt.

Da nicht sein kann, was nicht sein darf. Ansonsten, so die These, offensichtlich würde, dass weltweit Millionen und Aber-Millionen von Menschen an ihrem Leben, an den Bedingungen ihres (psycho-sozialen) Seins leiden – so sehr, dass die Einheit von Körper, Geist und Seele mit Krankheit reagiert, dass Erkrankung folglich die Verzweiflung einer zutiefst gepeinigten Seele zum Ausdruck bringt. Notgedrungen. Zwangsläufig.

In *„Ein 'Höllen-Leben': ritueller Missbrauch von Kindern"* beschreibt der Autor das Unsägliche, Unfassbare, kaum Vorstellbare, das „kranke" Menschen Tausenden und Abertausenden von Kindern antun.

Gleichwohl: Die Täter wissen, was sie tun. Auch wenn sie tun, was sie tun müssen. Denn auch sie, die Täter, sind auf die eine oder andere Weise Opfer – jede Gesellschaft hat die Monster, die sie verdient.

Viele Exkurse (über die Thematik rituellen Missbrauchs im engeren Sinne hinaus) waren somit von Nöten, um die komplexen Zusammenhänge zwischen Opfern und Tätern, zwischen persönlicher Verantwortung und deren (gesellschaftlicher wie individueller) Bedingtheit, zwischen Schein (als Ausdrucksform des Seins) und Lebenswirklichkeit zu verstehen.

Wobei verstehen, die Täter verstehen in keiner Weise bedeutet, sie, auch nur im Geringsten, von ihrer Schuld freizusprechen.

In dem zweibändigen Traktat *„Der Kleine Fuchs. Und der Alte Mann. Ein Märchen. Nicht nur für Erwachsene"* unterhalten sich die beiden Protagonisten über existentielle Fragen des Seins, über die in Gedanken gefasste Zeit, über das Mensch-Sein in seiner sozialen Bedingtheit, über das, was möglich wär. Nicht weniger, nicht mehr.

Ihr Diskurs ist nicht philosophisch abstrakt, sondern literarisch konkret. Vollzieht sich in Prosa und Hymnen, ebenso in sonstigen Gedichten wie in vielerlei Geschichten.

Wobei der Kleine Fuchs zwar aus einer anderen Welt zu kommen scheint, seine Aussagen jedoch ebenso diesseitsbezogen wie menschenverbunden sind.

„Nun fängst Du schon wieder an zu philosophieren, Alter Mann", mahnte der Fuchs.

„Nichts anderes als ein philosophischer Diskurs ist unser gesamtes Gespräch", entgegnete der Alte, „ein Diskurs über uns, ein Diskurs über die Fragen des Seins.

Ein Diskurs, der mäandert zwischen dem ´Prinzip Hoffnung´ und der ´Philosophie des Absurden´, zwischen einer ´konkreter Utopie´ der Zuversicht und dem Aberwitzigen, dem Befremdenden und Befremdlichen, dem abstrusen menschliche Elend, welchem kein Sinn abzugewinnen, dem Leid in der Welt, das weder zu verstehen noch zu erklären ist."

Gegenstand der Abhandlungen über „Mythos und Wirklichkeit" jener Personen, die als Nobelpreis-Träger – weitgehend unrühmliche – Erwähnung (in „Nobelpreisträger – Mythos und Wirklichkeit") finden, ist vornehmlich die Auseinandersetzung mit den gesellschaftlichen Phänomenen, die aus Lügnern, Betrügern und Verbrechern hochgeehrte Laureaten machen.

Mithin stellt sich die Frage, ob es nicht förderlich ist, moralisch verwerflich zu handeln. Jedenfalls dann, wenn man in dieser Gesellschaft zu Anerkennung und Ehren (und ggf. zum Nobelpreis) kommen will.

Denn die Exponenten eines Gemeinwesens spiegeln dessen Sein und Schein. Und diejenigen, welche die Geschichte – nicht nur deren (vermeintliche) Fakten, sondern auch die Wahrnehmung derselben – gestalten, brauchen Menschen, die „sozusagen ungeschehene Wahrheiten" schaffen. Und darüber berichten. Denn: „Manche Dinge sind nicht wahr. Und andere fanden nie statt."

Gleichwohl: Ubi pus, ibi evacua – warum sollten Nobel-Preisträger besser sein als die Gesellschaft, die sie repräsentieren: „Als Ossietzky [Friedens-Nobelpreisträger 1935] schließlich wehrlos und geschunden im KZ saß, verhöhnte Hamsun [Literatur-Nobelpreisträger 1920] ihn als 'diesen Narren im Konzentrationslager'."

Aberkannt wurde der Nobelpreis bisher keinem seiner Träger. Auch nicht Hamsun. Denn dann, wenn das Establishment – durch den Nobelpreis – diejenigen ehrt, die seine Interessen vertreten, wenn es, das Establishment, solcherart die in Wissenschaft und Politik erwünschte Richtung vorgibt, ist Irrtum, per se, ausgeschlossen.

Denn das herrschende System irrt nicht. Ansonsten würde es nicht herrschen. Sondern irren.

In „*Trotz alledem. Gedichte – ein Florilegium*" will der Autor Gedanken und Gefühle, Hoffnungen und Wünsche, Sehnsüchte und die so genannte Realität verdichten und den Blick auf das Wesentliche, das Ungesagte, das Un-Sagbare fokussieren, will mit dem Strich des Pinsels die Narben der Seele und mit der Kettensäge die Verzweiflung des Geistes zum Ausdruck bringen.

Faber non est suae quisque fortunae – Trotz alledem: "A Man's a Man for A' That."